© De la edición española:

Editorial ELA

www.libreriaargentina.com

MAQUETACIÓN: Equipo ELA

DISEÑO DE PORTADA: Equipo ELA

ISBN 978-84-9950-258-8

DEPÓSITO LEGAL: M-22888-2024

Impreso en España

Sadhana

El camino hacia Dios

MAHATMA GANDHI

Editorial ELA

www.libreriaargentina.com

Índice

Prólogo editorial	9
¿Qué es Sadhana?	10
Sobre el autor	11
Sobre la prresente edición	19
Sadhana. El camino hacia Dios	
Al lector	21
Parte I: el sadhana intelectual	
Capítulo uno: Dios	
1. Dios es uno, sin segundo	25
2. Es omnipresente, omnisciente y omnipotente	26
3. Él es un poder misterioso	26
4. El bien supremo	27
5. Dios es la Verdad y el amor	28
6. Dios es Sat-Chit-Ananda	28
7. Él es la ley eterna	29
8. Su misericordia es infinita	29
9. Tiene muchos nombres	30
10. Sus encarnaciones	31
Capitulo dos: El alma	
1. La chispa de la divinidad	31
2. El hombre es la imagen de Dios	31
3. La vida es una simple burbuja	32
4. La vida y la muerte	32
5. La libertad de elección	33
6. El deber primario del ser humano	33
Capítulo tres: el mundo	
1. El mundo es un cuerpo	34
2. El universo: una familia de naciones	34
3. El problema del mal	35
4. El par de fuerzas opuestas	35
5. La mano de dios está detrás del bien y del mal	35
6. La bendiciones de la calamidad	36
Parte II: el sadhana moral	
Capítulo cuatro: La Verdad	*37*
1. ¿Qué es la Verdad?	39
2. La Verdad es la fuente del carácter	39

3. ¿Cómo realizarla? 40
4. La necesidad de vigilancia sin miedo 40
5. Su valor supremo 41
Capítulo cinco: el amor (Ahimsa)
1. La Verdad y el amor 41
2. El amor une 41
3. El amor es vida 42
4. La ley del amor 42
5. La religión de Ahimsa 43
Capítulo seis: la autocontención
1. La restricción debe ser voluntaria 43
2. El control del paladar 44
3. La conquista de la lujuria 44
4. La sublimación de la vitalidad 45
5. Restricción vs. Supresión 45
Capítulo siete: el servicio abnegado
1. El servicio abnegado es una fuente de alegría 46
2. El servicio destinado a la autorrealización 47
3. El servicio conduce a la salvación 47
4. El servicio debe ser constante 48

Parte III: el Sadhana espiritual
Capítulo ocho: la fe 49
1. Ser incrédulo es una enfermedad 49
2. La necesidad de una fe viva 50
3. Los testimonio de los santos 50
4. La fe y la razón 50
5. Las limitaciones del intelecto 51
6. Tener una fe como la de los niños 51
7. El poder de la fe viva 53
8. ¿Cómo adquirir la fe? 53
Capítulo nueve: La oración
1. La naturaleza de la oración 53
2. Una fuente de paz y de luz 54
3. La esencia y el poder de la oración 55
4. La paciencia necesaria para el éxito 55
5. El periodo de oración 56
6. Comenzar y cerrar el día con una oración 57
Capitulo diez: la meditación (Ramanama)
1. La Virtud del Silencio 57

2. El silencio facilita la comunión con dios 58
3. La verdadera meditación 58
4. El poder del nombre de dios 59
5. Toma su nombre con cada respiración 59
6. Las bendiciones del Ramanana 60
Capítulo once: la dedicación (Auto entrega)
1. La entrega trae alegría 61
2. Dios mueve y protege a todos 61
3. Dedicar todo a Dios 62
Parte IV: la experiencia espiritual
Capítulo doce: algunos aspectos de la experiencia
1. Sentimientos benditos de la presencia de dios 63
2. La visión de dios 65
3. Su luz y su música 65
4. La voz interior 65
5. Los mensajes divinos 67
6. Un sabio ideal 68
Anexo 1. Extractos de su obra "Las claves de la salud" 71
Anexo 2. Extractos de su obra "Bhagavad Gita" 79
Anexo 3. El felino huérfano, que creció entre un rebaño de ovejas 81
Anexo 4. Glosario de términos sánscritos e hindúes 83

Prólogo editorial

La presente obra contiene extractos de los escritos y discursos de *Gandhi*, sobre la vida y la conducta humana, como un *Camino hacia Dios*. *Gandhi*, concebía a Dios como la *Verdad Absoluta*, la *No Violencia* y el *Amor*.

A *Gandhi*, se le ha llamado el *"Profeta de la Paz"*, porque quería lograr la *paz interna* en la vida del ser humano y la *paz externa* en sus relaciones con la sociedad y entre las naciones. Y puesto que las discordias internas de los individuos, se proyectan hacia el exterior y en las sociedades y en los países y provocan las discordias externas, nos propone primero resolver las discordias o los problemas internos, para que de esta forma se resuelvan los problemas externos. Por lo tanto, la solución que plantea *Gandhi* para los problemas sociales, es una *solución interna*, a nivel individual, actuando desde el interior del individuo, desde adentro hacia fuera y no desde afuera hacia dentro.

Para trabajar y resolver estos conflictos y eliminar estas discordias y problemas, *Gandhi* propone la solución de *la integración de la personalidad* o de la *realización[1]* del individuo. Este es el camino común a casi todas las creencias y religiones de la India, como el *Vedanta[2]* y a muchas de las creencias y religiones orientales.

1. Se refiere a la realización de la realidad inmediata del Sí mismo (Atman), que es el único Ser. Atman: el Alma Suprema o Brahman, o Consciencia pura, el Ser. Es el principio universal, una conciencia auto-luminosa eterna e indiferenciada. En la filosofía hindú, especialmente en la escuela Vedanta del hinduismo, mantman es el primer principio, el verdadero yo de un individuo más allá de la identificación con los fenómenos, la esencia de un individuo. Para alcanzar Moksha (la liberación), un ser humano debe adquirir el auto-conocimiento (Atma jnana). En las diferentes escuelas de pensamiento, la auto-realización consiste en que el verdadero yo (Jivatma) y la realidad última (Brahman) son completamente idénticos (Escuela Advaita, No dualista), completamente diferentes (Dvaita, o dualistas), o simultáneamente no diferentes y diferentes (Bhedabheda, No dualista y dualista).

2. Vedanta (Sánscrito). Literalmente: "el fin o corona de los Vedas". Es el principal sistema filosófico de la India. Los indos ortodoxos llaman al Vedanta: Brahma-jñâna o puro y espiritual conocimiento de Brahma. La filosofía Vedanta es la ciencia de lo Abstracto, la única Realidad, mientras que el universo concreto es considerado como una ilusión. Según las enseñanzas del Vedánta, Paramâtmâ (Alma universal o Brahma) es la omnisciente y omnipotente causa de la existencia, mantenimiento y disolución del universo; es la Causa eficiente y material del mundo; la creación es un acto de su voluntad; al llegar la consumación del universo, todas las cosas se resuelven en El. El Vedânta se divide en tres escuelas. 1°, la dualista o dvaita; 2°, la dualista con diferencia o vizichtadvaita y 3°, la monista, no dualista o advaita, de la cual fue Sankaracharya su ferviente apóstol.

Por ello, considera que el único remedio para obtener la paz en nuestras vidas perturbadas, es la *realización del individuo*, la cual se logra a través del *Sadhana*, la práctica espiritual, en todos sus aspectos. Este *Sadhana*, requiere de una filosofía de vida adecuada, con una *visión correcta* de la vida, que busque la *meta adecuada* y le muestre el *camino correcto* hacia esa meta. Siendo, el *camino* de *Gandhi* hacia la *paz interna*, es a la vez, el *camino* hacia la *paz externa*, hacia la paz entre las sociedades, las naciones y entre toda la humanidad.

Gandhi, analizando la historia, parte de la base, de que se puede observar como los distintos dirigentes han intentado eliminar los factores conflictivos mediante leyes y regulaciones externas, que consideraban capaces de eliminar el conflicto, pero que como no lo eran, por ello, no lograron eliminar el conflicto, sino que lo encrudecieron en la mayor parte de las ocasiones. La solución de *Gandhi* es pues *interna* y no *externa* y se basa en el principio de la *armonía personal e individual*, extendida a la sociedad.

La *realización* del individuo, por lo tanto, ayuda a la integración de la personalidad y produce la *paz interna* y su filosofía de la *Hermandad Universal*, es la única capaz de promover la armonía y la paz en la sociedad, sin olvidar nunca que la felicidad es una condición mental, tratando siempre de vencer el mal con el bien, la ira con el amor, la *falsedad* con la *verdad* y el *himsa* con el *Ahimsa*.

¿Qué es Sadhana?

Literalmente *Sadhana* significa: Ejecución, acabamiento, cumplimiento; substancia, materia o material del que se hace una cosa; los medios de ejecución o de obtención; la causa o poder.

Sadhana es una práctica espiritual que trasciende el *ego*[1] y que incluye una variedad de disciplinas en las tradiciones *hindúes, budistas y jainistas,* que se siguen para lograr diversos objetivos espirituales o rituales. El *Sadhana* se realiza para lograr el desapego de las cosas mundanas, pero, los esfuerzos constantes por alcanzar el máximo nivel de perfección en todas las corrientes de la vida cotidiana, pueden también describirse como *Sadhana*. Así, el *Sadhana*, como práctica o aprendizaje disciplinado, es especialmente utilizado en la religión y en la música, pudiendo ser definido como "una dis-

---

1. Por ego, se entiende aquí la personalidad del ser humano, no el Ego Superior o Yo Superior, que se mantiene inmortal y sometido a la ley de la causa y efecto, es el que se reencarna. Para más datos consultar las obras de Arthur Powell: ""El cuerpo astral", "El cuerpo mental" y "El cuerpo causal", donde se explican estas diferencias y cuales son los distintos cuerpos del ser humano, comunes en todos los sistemas filosóficos hindúes y en la Teosofía.

ciplina metódica para alcanzar el conocimiento u objetivo deseado". Pero la finalidad del verdadero *Sadhana*, es lograr el desapego de las cosas mundanas, lo que puede ser una meta en sí mismo y la persona que emprende tal práctica, se conoce en sánscrito como *sadhu* (*sadhvi* en femenino), *sadhaka o yogui*. El objetivo del *Sadhana* es alcanzar un nivel de realización espiritual, que puede ser la *iluminación*, el amor puro por Dios (*Prema*), la liberación (*Moksha*) del ciclo de nacimientos y muertes (*Samsara*), o un objetivo particular como obtener las bendiciones de una deidad en las tradiciones *Bhakti*.

El *Sadhana* también puede implicar la meditación, el canto de mantras y el puja a una deidad. Tradicionalmente, en algunas tradiciones hindúes y budistas, para embarcarse en un camino específico del *Sadhana*, se requiere que un gurú dé las instrucciones necesarias, en las que la iniciación por un gurú es una etapa específica del mismo, aunque también los renunciantes individuales pueden desarrollar su propia *práctica espiritual* (*Sadhana*) sin participar en grupos organizados.

En esta obra, el término *Sadhana*, se plantea en este último significado, como una *práctica espiritual*, la que cada individuo debe realizar para llegar a Dios y a través de varios ejemplos y apartados, *Gandhi*, nos indica cual es su *camino* o *Sadhana hacia Dios*.

Sobre el autor

El conocido como *Mahatma Gandhi*, nació con el nombre de *Mohandas Karamchand Gandhi*, el 2 de octubre de 1869, en Porbandar, India y falleció el 30 de enero de 1948, en Delhi. *Mahatma*, literalmente significa en sánscrito: "Gran Alma" y este apelativo le fue puesto por su amigo *Rabindranath Tagore*, pero pronto pasó a ser utilizado por todo el pueblo.

Fue un filósofo y pensador indio, que estudió Derecho en Inglaterra y ejerció como abogado, político, activista social y escritor y se convirtió en el líder del movimiento nacionalista indio, siendo uno de los precursores de la independencia de la India del imperio británico, a través de su doctrina de la *no violencia* o protesta no violenta (*satyagraha*) logrando el progreso político y social en India, motivo por el cual, llegó a ser considerado como un "padre" para su país.

Nació en una familia de clase media en la costa de Gujarat, en el Oeste de la India, siendo el hijo menor de la cuarta esposa de su padre, *Karamchand Gandhi*, quien era el *dewan* (primer ministro) en Porbandar, la capital de un pequeño principado en el oeste de India. Su padre carecía de una educación formal, pero era un administrador muy capaz que sabía cómo abrirse camino entre los príncipes y los jefes políticos británicos en el poder. Su madre, *Putlibai*, era muy religiosa y no le importaba en absoluto lo material, ni las galas ni las joyas, pasando la mayor parte del tiempo que estaba fuera de su casa en el templo, ayunando con frecuencia y ayudando a curar a los enfermos de su familia día y noche.

Las religiones en las que se educó *Gandhi* fueron el *Vaishnavismo*, que adora a *Vishnu* y el *Jainismo*, una religión india rigurosa desde el punto de vista moral y cuyos principios fundamentales son la no violencia y la creencia en que todo en el universo es eterno. Este fue el caldo de cultivo para su filosofía, el *ahimsa* (el no dañar a todos los seres vivos) y la tolerancia con los diversos credos y sectas, utilizando el *vegetarianismo* y el *ayuno* como medios para la *auto-purificación*. Aunque como veremos en breve, en un primer momento, *Gandhi* no se sintió excesivamente atraído por estas tendencias y fue necesario que acudiera en su mayoría de edad a estudiar Derecho a Londres, para que se reencontrase con ellas, las reconociese y las siguiese como faros en su vida privada y pública.

Gandhi fue a la escuela desde pequeño, pero las condiciones en su escuela primaria eran tan elementales, que los niños aprendían a escribir con los dedos en el polvo del suelo. Afortunadamente para él, su padre ascendió y se convirtió en decano de Rajkot, otro estado principesco de la India, donde pudo mejorar su situación escolar. Como estudiante no destacó, no podemos decir que fuera un excelente estudiante, sino más bien uno del montón.

A los 13 años de edad se casó mediante un matrimonio concertado por su padre, como era costumbre en la época, con su mujer *Kasturbai Makhanji Kapadia* de 14 años, a la que llamaban "*Kasturba*" y afectuosamente "Ba"; pero no se fueron a vivir juntos, porque siguiendo la tradición, la novia adolescente debía pasar más tiempo en la casa de sus padres de lo que estaba con su esposo. Debido a su precoz matrimonio y a las circunstancias familiares, perdió un año de escuela y ocupaba su tiempo, dando largos paseos solitarios cuando no estaba cuidando de su padre enfermo (y que murió poco después, a finales de 1885) o ayudando a su madre con las tareas domésticas.

Y así durante este tiempo y según sus palabras aprendió: "*a cumplir las órdenes de los ancianos, pero no a aceptarlas*". Con tal pasividad extrema, pasó así por una fase de rebelión adolescente, marcada por el *ateísmo* guardado en secreto, por pequeños robos, por fumar furtivamente y, lo más impactante para un niño nacido en una familia *Vaishnava*, por comer carne. Su adolescencia probablemente no fue más tormentosa que la de la mayoría

12

de los niños de su edad y clase, pero lo extraordinario fue la forma en que terminaron sus transgresiones juveniles.

Cierto día, después de una de sus escapadas, se dijo a sí mismo: "Nunca más" y cumplió su promesa, con una pasión ardiente por la superación personal imitando a los héroes de la mitología hindú: *Prahlada* y *Harishcandra*, encarnaciones legendarias de la veracidad y el sacrificio, tomándolos como sus modelos.

Así, en 1887, superó el examen de matriculación en la Universidad de Bombay y se unió al Samaldas College en Bhavnagar (Bhaunagar), pero como tuvo que cambiar de su lengua materna, el gujarati, al inglés, le resultó bastante difícil seguir las clases. Aunque a él le hubiera gustado más estudiar Medicina, existía el handicap del prejuicio *vaisnava* contra la vivisección; además de que para seguir la tradición de su padre y ocupar altos cargos en uno de los estados de Gujarat, era mejor que estudiara Derecho.

Para mejorar su inglés y para estudiar Derecho, decidieron que acudiría a Inglaterra, a la que Gandhi consideraba como "una tierra de filósofos y poetas y el centro de la civilización", pero antes tuvo que prometer a su madre, que mientras estuviese fuera de casa, no tocaría el vino, las mujeres o la carne.

Diez días después de su llegada a Inglaterra, Gandhi se unió al *Inner Temple*, una de las cuatro facultades de Derecho de Londres (The Temple). Aunque, durante los tres años que pasó en Inglaterra, su principal preocupación fueron más los asuntos personales y morales, que las ambiciones académicas.

La transición del ambiente de su medio rural a la vida cosmopolita de Londres, la capital del mundo en aquellos tiempos, no fue fácil para *Gandhi*. Mientras luchaba por adaptarse a la comida, el vestido y la etiqueta occidentales, se sentía incómodo, principalmente por su vegetarianismo del que sus amigos le advertían que arruinaría sus estudios y su salud. Pero *Gandhi*, siguiendo la promesa que había hecho a su madre, insistió en el vegetarianismo y encontró un restaurante vegetariano, al que acudían personajes como *Edward Carpenter, George Bernard Shaw* y la teósofa *Annie Besant*, que eran idealistas y rebeldes, rechazaban los valores de la sociedad victoriana tardía y no contentos con la sociedad inglesa trataban de mejorarla, denunciando los males de la sociedad capitalista e industrial, predicando el culto de una vida simple y dando superioridad a la moral frente a los valores materiales y a la cooperación frente el conflicto. Esas ideas contribuyeron sustancialmente a la configuración de la personalidad de *Gandhi* y fueron el fundamento de su política. De la mano de estas personalidades conoció la

Biblia y la importancia del *Bhagavad Gita[1]*, que leyó por primera vez en inglés, en la versión del orientalista *Sir Edwin Arnold[2]*. Dos conceptos del *Gita* le fascinaron particularmente, una era *aparigraha* ("la no posesión"), que implica que las personas tienen que deshacerse de los bienes materiales que obstaculizan la vida del espíritu y deshacerse de los lazos del dinero y de la propiedad. El otro era *samabhava* ("la no aflicción"), que lleva a las personas a permanecer tranquilas frente al dolor o al placer, la victoria o la derrota y a trabajar sin esperanza de éxito o miedo al fracaso.

Fue el reconocimiento de estos intelectuales europeos de los valores que había tenido en su infancia y que había abandonado, lo que le hizo ver a *Gandhi* la importancia de los mismos y volver a encontrarse con ellos. Además, el celo misionero que desarrolló *Gandhi* hacia el vegetarianismo, le ayudó a superar la timidez de su juventud y le dio un nuevo equilibrio. Se convirtió en miembro del comité ejecutivo de la *London Vegetarian Society* y asistió a sus conferencias, contribuyendo con artículos en su revista.

Terminó sus estudios y su formación en Londres y volvió a India como abogado en julio de 1891, donde le esperaban dolorosas sorpresas. Su madre había muerto y además con el tiempo descubrió, que el título de abogado no era una garantía para ganarse la vida, puesto que la profesión ya comenzaba a estar abarrotada y Gandhi estaba demasiado solo como para abrirse camino en ella. Por ese motivo, en Abril de 1893 aceptó la oferta, no muy atractiva, de un contrato por un año en una firma india en Natal,

---

1. Mediante el diálogo de Krishna con Arjuna, el Bhagavad Gita, revela las lecciones sobre cómo vivir y actuar correctamente y cuál es la verdadera naturaleza del hombre y su relación con Dios. Como escenario el simbolismo entre hombre-ego y su naturaleza superior verdadera, mostrándonos el camino por medio de la acción desinteresada y el camino del conocimiento. Arjuna (el hombre) se halla en el campo de batalla (el campo de acción) entre los dos ejércitos enemigos, uno compuesto por los poderes superiores del alma (los Pandavas), y el otro por los poderes inferiores (los Kurus). Allí está el hijo de Kunti (el alma) enfrente de sus parientes, hijos de Dhritarâshtra (la existencia terrestre) y se encuentra amenazado por el egoísmo, la obstinación, la presunción, la ilusión de sí mismo y sus pasiones, el deseo, la emoción, el odio, la ira, etc.; pero también de su lado hay valientes guerreros... ¿que les deparará el futuro? Hay varias ediciones del Bhagavad Guita, en editorial ELA. Todas son buenas traducciones y las hay comentadas e interpretadas. Para más datos consultar la web: www.libreriaargentina.com.

2. Edwin Arnold, fue un poeta y periodista inglés, que estudió en el King's School de Rochester, en el King's College de Londres y en el University College de Oxford, donde ganó el premio Newdigate de poesía. Fue profesor en el King Edward's School de Birmingham y posteriormente viajó a la India como director del Government Sanskrit College de Pune, trabajando además como traductor para el municipio de Bombay. La tarea literaria que se propuso de interpretar la vida y filosofía de Buda en The Light of Asia o The Great Renunciation (editorial ELA), fue un éxito inmediato, traducido a varios idiomas y con numerosas ediciones en Inglaterra y América. Otras de sus obras destacadas fueron: Indian Song of Songs, Pearls of the Faith, The Song Celestial (una representación poética de la sagrada escritura hindú el Bhagavad Gita), With Sadi in the Garden, Potiphar's Wife, Adzuma o The Japanese Wife e Indian Poetry.

Sudáfrica, donde pasó los siguientes 21 años de su vida y donde comenzó a desarrollar sus puntos de vista políticos y éticos característicos.

Allí se enfrentó a la discriminación y comenzó a cuestionar la posición de su pueblo en el Imperio Británico y por primera vez empleó la resistencia no violenta en una campaña por los derechos civiles.

En julio de 1894, cuando apenas tenía 25 años, floreció casi de la noche a la mañana como un hábil activista político, redactando peticiones a la legislatura de Natal y al gobierno británico y haciéndolas firmar por cientos de sus compatriotas. Por ese motivo fue persuadido para establecerse en Durban, practicando el derecho y organizando la comunidad india. En 1894 fundó el *Natal Indian Congress*, del cual él mismo se convirtió en el infatigable secretario y a través de esa organización política, infundió el espíritu de la solidaridad en la heterogénea comunidad india.

En 1896 volvió a India para ir a buscar a su esposa y a sus dos hijos mayores y a buscar apoyo para los indios residentes en el extranjero. Se reunió con los líderes de su país y los persuadió para hacer reuniones públicas en las principales ciudades del país. Desafortunadamente para él, las versiones confusas de sus actividades y expresiones, llegaron a Natal e inflamaron a su población europea, por lo que al volver a Durban en enero de 1897, fue atacado y casi linchado por una multitud blanca irritada.

En 1906 el gobierno de Transvaal, publicó una ordenanza particularmente humillante para la población india, que celebró una reunión de protesta masiva en Johannesburgo en el mes de septiembre, bajo el liderazgo de *Gandhi* y se comprometieron a desafiar la ordenanza si se convertía en ley. Así nació *satyagraha* ("la devoción a la Verdad"), una nueva técnica de oposición a la ley, que en lugar de infligir sufrimiento a sus adversarios, se resistía a la ley sin rencor y luchaba contra ella sin violencia. En la fase final del movimiento en 1913, cientos de indios, incluidas las mujeres, fueron llevados a la cárcel y miles de trabajadores indios de las minas fueron también encarcelados, azotados e incluso se les disparó.

Durante su estancia en Sudáfrica, *Gandhi* consideraba a sus clientes no como clientes sino como amigos, quienes le consultaban no solo sobre cuestiones legales, sino sobre cuestiones de la vida cotidiana, como la mejor manera de destetar a un bebé o de equilibrar el presupuesto familiar. Trabajando incluso los domingos, los atendía, porque según sus palabras: *"Un hombre en apuros no puede descansar los domingos"*. También consideraba que la verdadera función de un abogado era *"unir a las partes divididas" y no litigar.* Esto le llevó a hacer una gran fortuna, pero sus ahorros a menudo se iban en sus actividades hacia los demás.

Su casa era un albergue virtual para los colegas más jóvenes y compañeros de trabajo políticos, lo que supuso una especie de prueba para su esposa, sin cuya extraordinaria paciencia, resistencia y moderación, esto hubiera sido imposible. Tras la muerte de su mujer, *Gandhi* se dedicó por completo a la vida comunitaria, ya que sentía una atracción irresistible por una vida simple, el trabajo manual y la austeridad. Se decía de él: "No se preocupa por el placer sensual, la riqueza, el consuelo, la alabanza o la promoción, sino que simplemente está decidido a hacer lo que cree correcto".

En el verano de 1914, decide abandonar Sudáfrica, justo antes del estallido de la Primera Guerra Mundial. Viajando primero a Londres, donde permanecieron durante varios meses y finalmente, partieron en diciembre hacia Bombay donde llegaron a principios de enero de 1915.

Durante los primeros tres años de su vuelta a India, permaneció en silencio y declinó unirse a cualquier agitación política, apoyando a los británicos en la guerra (desde la Cruz Roja) e incluso reclutando soldados para el ejército indio británico, aunque no dejó de criticar a los funcionarios británicos por cualquier acto de abuso o de defender las quejas de los campesinos de Bihar y Gujarat.

Pero en 1919, no pudo soportar la ley de los *Rowlatt Acts*, que facultaba a las autoridades británicas a encarcelar sin juicio a los sospechosos de sedición y anunció una lucha *satyagraha*. Los efectos de esta lucha, produjeron brotes violentos, en particular la masacre de *Amritsar*, que fue el asesinato por parte de soldados liderados por británicos de casi 400 indios que se reunieron en un espacio abierto en *Amritsar* en la región de Punjab y que produjo la promulgación de la ley marcial.

En 1920, ya era la figura dominante de la política, con una influencia nunca antes alcanzada por ningún líder político en India o en cualquier otro país. Reformó el *Congreso Nacional Indio* (Partido del Congreso) y lo convirtió en un instrumento político efectivo del nacionalismo indio. El mensaje de *Gandhi* era simple: "no eran las armas británicas sino las imperfecciones de los propios indios las que mantenían a su país en cautiverio". Su programa de *no violencia* y de *no cooperación* contra el gobierno británico, incluía el boicot no solo a las manufacturas británicas, sino a las instituciones operadas o ayudadas por los británicos en India: las legislaturas, los tribunales, las oficinas y las escuelas; todo lo que representaba al imperio británico.

En febrero de 1922, alarmado por un brote de violencia en Chauri Chaura, una aldea del Este de India, decidió suspender la *desobediencia civil* masiva. El 10 de marzo de 1922, fue juzgado por sedición y sentenciado a seis años de prisión, aunque fue puesto en libertad dos años después, en febrero de 1924, tras someterse a una cirugía por apendicitis.

En 1924, el panorama político había cambiado. El Partido del Congreso se había dividido en dos facciones y lo peor de todo, es que la unidad entre los hindúes y musulmanes en el apogeo del movimiento de no cooperación de 1920-22 había desaparecido. Durante el otoño de 1924 tras un brote grave de disturbios comunales, emprendió un *ayuno* de tres semanas para despertar a la gente a seguir el camino de la no violencia y en diciembre de 1924 fue nombrado presidente del Partido del Congreso, puesto que retuvo durante un año. Luego se desinteresó de la política activa y fue considerado como una fuerza gastada. Sin embargo, en 1927, el gobierno británico nombró una comisión de reforma constitucional bajo las órdenes de Sir John Simon, en la cual no se incluía un solo indio. Lo cual le llevó de vuelta a la política y a amenazar al gobierno inglés con una campaña no violenta a nivel nacional para lograr la independencia completa, con lo que *Gandhi* volvió como la voz principal del Partido del Congreso.

En marzo de 1930 lanzó la *Salt March*, una *satyagraha* contra el impuesto sobre la sal de los británicos, que afectó a la sección más pobre de la comunidad y fue una de las campañas más espectaculares y exitosas en la guerra no violenta de *Gandhi* contra el Raj británico, que terminó con el encarcelamiento de más de 60.000 personas.

Poco después, tras conversar con el virrey, *Gandhi* aceptó una tregua, suspendió la desobediencia civil y acordó asistir a la Conferencia de la Mesa Redonda en Londres como el único representante del Congreso Nacional Indio. La conferencia se concentró en el problema de las minorías indias más que en la transferencia del poder de los británicos y fue una gran decepción para los nacionalistas indios.

Cuando *Gandhi* regresó a la India en diciembre de 1931, el nuevo virrey, Lord Willingdon, desató la represión más severa en la historia del movimiento nacionalista. *Gandhi* fue encarcelado de nuevo y trataron de aislarlo del mundo exterior y así destruir su influencia.

En septiembre de 1932, estando preso, comenzó un *ayuno* para protestar contra la decisión del gobierno británico de segregar a los llamados intocables. El ayuno produjo una agitación enorme en el país y los líderes de la comunidad hindú y los intocables, idearon un acuerdo electoral alternativo de manera conjunta y rápida, que el gobierno británico aprobó.

En 1934, *Gandhi* renunció como miembro del Partido del Congreso y como líder, porque sus miembros principales habían adoptado la *no violencia* como un recurso político y no como el credo fundamental. Se concentró en su "programa constructivo" en construir la nación "de abajo hacia arriba" y educar a la India rural, que representaba el 85 por ciento de la población; continuando su lucha contra la intocabilidad; promoviendo el hilado a mano y otras industrias artesanales para complementar los ingresos del campesinado subempleado y desarrollando un sistema de educación que se adaptaba mejor a las necesidades de las personas. *Gandhi,* se fue a vivir a Sevagram, una aldea en el centro de India, que se convirtió en el centro de su programa de mejora social y económica.

En 1936, con la Segunda Guerra Mundial, *Gandhi* se volvió de nuevo políticamente activo.

En marzo de 1942, la misión de Sir Stafford Cripps, un ministro del gabinete británico fue a la India con una oferta inaceptable sobre la transferencia del poder a manos indias, promoviendo la discordia entre los musulmanes e hindúes, lo que impulsó a *Gandhi* a exigir, en el verano de 1942, una retirada británica inmediata de la India, lo que se conoció como el Movimiento *Quit India.*

En ese año, *Gandhi,* su esposa y varios otros líderes del partido fueron confinados en el *Palacio Aga Khan* en *Poona*[1].

En 1944, *Gandhi* y los demás líderes fueran liberados y se abrió un nuevo capítulo en las relaciones indo-británicas con la victoria del Partido Laborista en Gran Bretaña en 1945.

Desde 1945 a 1947, hubo negociaciones entre los líderes del Congreso, la Liga Musulmana y el gobierno británico, culminando en el Plan Mountbatten del 3 de junio de 1947 y la formación de los dos nuevos estados de India y Pakistán a mediados de agosto de 1947.

Que la libertad india se realizara sin la unidad india, supuso una gran decepción para *Gandhi.* El separatismo musulmán había recibido un gran impulso mientras *Gandhi* y sus colegas estaban en la cárcel y en 1946-1947, mientras se negociaban los acuerdos constitucionales finales, el estallido de disturbios comunales entre hindúes y musulmanes creó un clima en el que

---

1. Gandhi, aprovecha el tiempo libre que le proporcionan estos días de encierro, para volver a escribir el libro que más había vendido y que más fama le había dado: "Las claves de la salud" (editorial ELA), donde trata de temas sencillos y comunes a nuestra vida cotidiana, como: el cuerpo humano, el aire, el agua, la comida, los llamados intoxicantes, el Brahmacharya y la terapéutica natural, partiendo de un enfoque amplio, basado en la naturaleza y válido para todos los seres humanos. Estas sencillas propuestas individuales, con el tiempo dieron lugar a profundos cambios sociales en la India y en todo el mundo. Si tuviéramos que resumir el pensamiento de Gandhi en un solo libro, éste sin duda sería el más indicado. Con él demostró que entre todos podemos cambiar el mundo y que para hacerlo solo tenemos que empezar por cambiarnos a nosotros mismos. Esta obra, que nunca antes había sido publicada en castellano, no habla de conductas sociales, sino de posturas individuales ante las situaciones más comunes de la vida.

los llamamientos de *Gandhi* a la razón y la justicia, la tolerancia y la confianza, no lograron nada.

En septiembre de 1947 con su *ayuno* detuvo los disturbios en Calcuta y en enero de 1948 logró en Delhi una tregua comunal. Pocos días después, el 30 de enero, mientras se dirigía a su reunión de oración nocturna en Delhi, un joven fanático hindú, le asesinó.

Sus tres campañas principales de 1920 a 1922, de 1930 a 1934 y de 1940 a 1942, fueron muy bien diseñadas para engendrar el proceso de dudas y de cuestionamientos de las defensas morales de sus adversarios y contribuyeron junto con las realidades objetivas del mundo de la posguerra, a producir la concesión del estado de independencia en 1947.

Se le consideró como el gran mediador y reconciliador, pero aunque como líder político tuviera una gran importancia, la fuente principal de su vida estuvo en la religión y no en la política. La religión para él no significaba formalismo, dogma, ritual o sectarismo, sino comprensión y aceptación de todos los credos y por su pacifismo, renunció a la guerra y a la violencia como medio para resolver disputas.

La edición recopilatoria de sus escritos alcanzó los 100 volúmenes a principios del siglo XXI. Las Naciones Unidas declararon el cumpleaños de Gandhi, el 2 de octubre, como el Día Internacional de la No violencia en el año 2007. Gandhi fue nominado al Premio Nóbel de la Paz cinco veces, pero nunca recibió el premio.

Uno de los aspectos menos conocidos de Gandhi en Occidente, pero uno de los más importantes para él, fue el de la autogestión de la salud, resumida en su frase: *"Creo que el hombre no tiene prácticamente necesidad alguna de tomar medicinas"*, cuyo espíritu está representado en la obra "Las claves de la salud" de editorial ELA, de la cual les presentamos algunos extractos al final de esta selección de sus textos.

Sobre la presente edición

El autor, utiliza a menudo términos sánscritos e hindúes para expresarse, pues no existe otro lenguaje mejor para poder expresar las cuestiones religiosas que el sánscrito, una lengua utilizada solo para eso.

Para no llenar el texto con el recurso de las notas a pie de página, recurso que también se ha utilizado, hemos optado, para dar un mayor dinamismo a la lectura, por dotar a esta edición española de un glosario final, donde se explica el significado de estos términos que aparecen en el texto identificados con letra cursiva.

Esperamos que este glosario ayude a los lectores a comprender todo el profundo significado de las palabras de Gandhi y a interpretarlas en su significado correcto y no en el tergiversado que se produce a menudo, aunque a veces con buena intención, al mal traducir al idioma occidental, términos del sánscrito que no se pueden definir con una sola palabra y que al hacerlo de esta manera, alteran el significado de la misma.

Sadhana, el camino hacia Dios

Al lector

Me gustaría decirle al lector diligente de mis escritos y a otros que estén interesados en ellos, que no me preocupa en absoluto parecer un comprometido persistente.

En *mi búsqueda de la Verdad[1]*, he descartado muchas ideas y he aprendido muchas cosas nuevas y a pesar de mi edad, no tengo la sensación de haber dejado de crecer interiormente o que mi crecimiento se detendrá ante la disolución de la carne.

Lo que me preocupa es mi disposición a obedecer a *la llamada de la Verdad -de Dios-* en cada momento y por lo tanto, cuando alguien encuentre alguna inconsistencia entre mis escritos, si todavía tiene fe en mi cordura, haría bien en elegir el último de los dos escritos sobre el mismo tema[2].

M. K. Gandhi

---

1. La búsqueda de la Verdad, es uno de los motivos de su vida y que se repite tan a menudo en su vida, que denominó a su autobiografía: "Mis experiencias con la verdad" (publicado por editorial Glem y por editorial Eyras). Aquí se muestra claramente, la influencia de la Sociedad Teosófica en Gandhi, a través de la figura de Annie Besant y de otros miembros de esta sociedad, cuyo "slogan" principal es "No hay religión más elevada que la verdad".
2. Puesto que Gandhi creció en sabiduría y conocimiento durante toda su vida, es posible encontrar en los escritos más antiguos del autor, algunos conceptos que aparentemente estén en contradicción con los que sostuvo al final de su vida. Pero se trata no de una contradicción, sino de una evolución de las ideas para adaptarse a las nuevas situaciones y para evitar conflicto el propio autor nos recuerda: "en caso de duda, elegir lo último que dije".

Om[1]

El ideal supremo, el objetivo último del hombre es la realización de Dios.

Dios es *Sat-Chit-Ananda*[2]: Existencia, Conocimiento, Poder y Bienaventuranza.

Él es un Poder Misterioso, Omnipresente, Omnisciente, Omnipotente, Omniblito.

Nuestra alma es *Una Chispa del Fuego Divino*[3], Una Gota en el Océano Divino.

El mundo está lleno de alegría y miseria: alegría con Dios y miseria sin Él.

El deber del hombre es realizar a Dios, servir a la Humanidad y

Disfrutar de Su Eterna Bienaventuranza.

---

1. OM o AUM (Sánscrito). Una sílaba mística, la más sagrada de todas las palabras de la India. Es "una invocación, una bendición, una afirmación y una promesa" muy sagrada. Esta palabra se coloca usualmente al principio de las sagradas Escrituras y se antepone a las preces. Está compuesta de tres letras, A, U, M, que, según la creencia popular, son representación de los tres Vedas y también de los tres dioses A (Agni), V (Varuna) y M (Maruts), o sea: Fuego, Agua y Aire.

2. Sat-Chid-Ânanda (Sánscrito). "Existencia, inteligencia y felicidad". Satchitânanda o Sachchidanânda, como se suele escribir por razón de eufonía, se usa a menudo en las Escrituras hindúes como el nombre abstracto de Brahma, siendo, la Trimûrti, las manifestaciones concretas de aquellos tres atributos. Trimûrti (Sánsc.). Literalmente: "Tres caras" o "triple forma": la Trinidad. Estas tres personas son: Brahmâ, el creador; Vichnú, el conservador y Shiva, el destructor o también: Agni, Vâyu y Sûrya, o el fuego terrestre, el atmosférico (o aéreo) y el celeste, puesto que Agni es el dios del fuego, Vâyu el aire y Sûrya es el Sol. El hecho es que todas las tres personas de la Trimûrti son simplemente los tres calificativos, gunas o atributos del Universo de Espíritu-Materia diferenciado, que se forma a sí mismo, se conserva a sí mismo y se destruye a sí mismo, para fines de regeneración y perfectibilidad.

3. La chispa o partícula, por decirlo así, del Espíritu universal, reside en el corazón del hombre, constituyendo el Espíritu individual. La Mónada es la Chispa divina, el Jîva, el Yo, es el Rayo del Principio Absoluto único, universal; el hálito o la vida exhalada del Logos.

El camino hacia Dios

Parte I. El sadhana intelectual

Capítulo uno: Dios

1. Dios es uno, sin segundo

Dios es ciertamente Uno. No tiene segundo. Es insondable, incognoscible y desconocido para la gran mayoría de la humanidad.

Él está en todas partes. Ve sin ojos y oye sin oídos.

Él es informe e indivisible. Él es increado, no tiene padre, madre ni hijo y sin embargo, se deja adorar como padre, madre, esposa e hijo.

Él se permite incluso ser adorado como el tronco y la piedra, aunque no es ninguna de esas cosas.

Él es el más esquivo y Él es el más cercano a nosotros, si supiéramos conocerlo. Pero Él está más lejos de nosotros cuando no queremos realizar Su omnipresencia.

Estoy en desacuerdo con el concepto de que los hindúes creen en muchos dioses y son unos idólatras. Dicen que hay muchos dioses, pero también declaran inequívocamente que hay un Dios, el Dios de los dioses. Por lo tanto, no es apropiado sugerir que los hindúes crean en muchos dioses.

Ciertamente, sí creen en muchos mundos. Así como hay un mundo habitado por hombres y otro por bestias, así también hay uno habitado por seres superiores llamados dioses, a quienes no vemos pero que sin embargo existen. Todo el problema se ha creado por la traducción al inglés de la palabra "deva o devata[1]", para la cual no han encontrado un término mejor que "dios". Pero Dios es Ishwara[2], Devadhideva[3], el Dios de dioses.

1, 2 y 3. Ver el significado de estas palabras en el glosario final.

Como veis, la palabra "Dios" ha sido utilizada para describir a diferentes seres divinos y eso es lo que ha dado lugar a tal confusión. Creo que yo soy un completo hindú y nunca he creído en muchos dioses. Ni siquiera en mi niñez sostuve esa creencia y nadie me enseñó a hacerlo.

2. Es omnipresente, omnisciente y omnipotente

Dios no es una persona fuera de nosotros o del universo. Él lo impregna todo y es omnisciente y omnipotente[1].

No necesita elogios ni peticiones. Al ser inmanente en todos los seres, Él escucha todo y lee nuestros pensamientos más íntimos. Él habita en nuestros corazones y está más cerca de nosotros que las uñas de nuestros dedos.

Pero, Dios no es una persona. Él es el Espíritu omnipresente y todopoderoso[1].

Cualquiera que lo escuche en su corazón tendrá acceso a una fuerza o energía maravillosa, comparable en sus resultados a las fuerzas físicas como el vapor o la electricidad, pero mucho más sutil.

3. Él es un poder misterioso

Hay un poder misterioso indefinible que lo impregna todo. Lo sientes pero no lo ves. Es este Poder Invisible, el que se hace sentir y sin embargo, desafía toda prueba, porque es muy diferente de todo lo que percibes a través de tus sentidos, porque trasciende los sentidos.

Tú percibes vagamente que mientras todo lo que te rodea cambia y muere constantemente, subyacente a todo ese cambio hay un Poder Viviente que es inmutable, que lo mantiene todo unido, que crea, disuelve y recrea. Este Poder o Espíritu informador es Dios.

La verdad es que Dios es la Fuerza. Él es la esencia de la vida. Él es la conciencia pura e inmaculada. Él es eterno. Y, sin embargo, por extraño que parezca, no todos parecen derivarse de este poder, ni se benefician de él, ni se refugian en él, en la Omnipenetrante Presencia Viva.

La electricidad es una fuerza poderosa y no todos pueden beneficiarse de ella. Sólo puede producirse siguiendo ciertas leyes. Es una fuerza sin vida. El hombre puede utilizarla, si puede trabajar lo suficiente como para

---

1. Aquí, Dios se maniefiesta como Brahman. Ver este término en el glosario final de este libro.

adquirir el conocimiento de sus leyes. La Fuerza Viva que llamamos Dios puede ser seguida de manera similar si conocemos y seguimos Su ley, que nos lleva a descubrirlo en nosotros[2].

Dios es un poder invisible que reside dentro de nosotros. Hay muchos poderes escondidos dentro de nosotros y los descubrimos mediante una lucha constante. Aun así, podemos encontrar este Poder Supremo, si hacemos una búsqueda cuidadosa con la firme determinación de encontrarlo.

Mi Dios no reside arriba. Tiene que realizarse en la tierra. Él está aquí, dentro de ti, dentro de mí. Él es omnipotente y omnipresente. No necesitas pensar en el mundo del más allá. Si podemos cumplir con nuestro deber aquí, el más allá se encargará de sí mismo.

4. El bien supremo

¿Es este poder benévolo o malévolo?

Yo lo veo como puramente benévolo. Porque puedo ver que en medio de la muerte, la vida persiste; en medio de la mentira, la Verdad persiste; en medio de la oscuridad, la luz persiste. Por lo tanto, deduzco que Dios es Vida, Verdad y Luz.

Él es amor. Él es el Bien Supremo. Dios es totalmente bueno. No hay maldad en Él. Dios hizo al hombre a su propia imagen, aunque, desafortunadamente para nosotros, el hombre lo ha formado a su manera y esta arrogancia, ha llevado a la humanidad a un mar de problemas.

Dios es el Alquimista Supremo. En Su presencia todo el hierro y la escoria, se convierten en oro puro y de manera similar, todo mal se convierte en bien.

Nuevamente Dios vive, pero no como nosotros. Sus criaturas viven pero para morir. Pero Dios es Vida. Luego la bondad y todo lo que ella implica no es un atributo. La bondad es Dios. La bondad concebida como algo separado de Él, es algo sin vida y desaparece como el polvo.

Así es toda la moral. Si ha de existir en nosotros, debe ser considerada y cultivada en su relación con Dios. Intentamos ser buenos porque queremos alcanzar y realizar a Dios. Todas las éticas secas del mundo, se convierten en polvo, porque separadas de Dios están sin vida. Provenientes de Dios, llevan la vida en ellas. Se vuelven parte de nosotros y nos ennoblecen.

1. Aquí, Dios se maniefiesta como Brahman y comoAtman. Ver estos términos en el glosario final de este libro.

5. Dios es la Verdad y el Amor

La Verdad Absoluta, el Principio Eterno, eso es Dios. Aunque, existen innumerables definiciones de Dios, porque Sus manifestaciones son innumerables y me maravillan y me asombran, aunque por un momento me aturden. Pero adoro a Dios sólo como la Verdad.

Para mí Dios es la Verdad y el Amor. Dios es la ética y la moralidad; Dios es la valentía. Dios es la fuente de la Luz y de la Vida y, sin embargo, está por encima y más allá de todo esto.

Dios es conciencia. Es incluso el ateísmo del ateo. Porque en Su amor ilimitado, Dios permite que el ateo viva.

Él es el buscador de los corazones. Él nos conoce a nosotros y a nuestros corazones mejor que nosotros mismos.

Él es Dios personal para aquellos que necesitan su presencia personal. Él está encarnado para aquellos que necesitan su toque.

Él es la Esencia más pura. Para los que tienen fe, Él simplemente es. Él es todo para todos los hombres.

6. Dios es Sat-Chit-Ananda[1]

La palabra *Satya* (Verdad) se deriva de *Sat* que significa "Ser". Y nada es ni existe en realidad, excepto la Verdad. Por eso *Sat* o la Verdad es quizás el nombre más importante de Dios. De hecho, es más correcto decir que la Verdad es Dios que decir que Dios es la Verdad.

Y donde hay Verdad, también hay Conocimiento, que es verdad. Donde no hay Verdad, no puede haber conocimiento verdadero. Por eso la palabra *Chit* o Conocimiento, está asociada al nombre de Dios.

Y donde hay verdadero Conocimiento, siempre hay Bienaventuranza (*Ananda*). El dolor no tiene lugar allí. Y así como la Verdad es Eterna, también lo es la Bienaventuranza que de ella se deriva.

Por eso conocemos a Dios como Sat-Chit-Ananda, aquel que combina en Sí Mismo la Verdad, el Conocimiento y la Bienaventuranza.

---

1. Ver nota página 23 y ver este término en el glosario final de este libro.

7. Él es la ley eterna

Dios es una idea, es la ley misma. Él y Su Ley moran en todas partes y lo gobiernan todo. Por eso, aunque yo no creo que Él responda en detalle, a cada petición nuestra, no hay duda de que Él gobierna nuestras acciones y creo literalmente que ni una brizna de hierba crece ni se mueve sin Su voluntad.

Sí, siento que hay un orden en el universo, hay una Ley inalterable que lo rige todo y a cada ser que vive y se mueve. Y no es una ley ciega, porque ninguna ley ciega puede gobernar la conducta de los seres vivos.

La Ley y el Legislador son uno. No puedo negar a la Ley o a su Legislador, porque sé muy poco acerca de Ella o de Él. Así como mi negación o ignorancia de la existencia de un poder terrenal, no servirá de nada, así mi negación de Dios y de Su Ley, no me liberará de su actuación; mientras que la aceptación humilde y muda de la Autoridad Divina, hace que el viaje de la vida sea más fácil, así como la aceptación del gobierno terrenal, hace que la vida bajo él sea más fácil.

8. Su misericordia es infinita

Dios existe, aunque el mundo entero lo niegue. Dios abraza no sólo este pequeño globo nuestro, sino millones y miles de millones de esos globos.

¿Cómo podemos nosotros?, pequeñas criaturas reptantes, absolutamente indefensas como Él nos ha hecho, ¿cómo podríamos medir Su grandeza, Su amor ilimitado y Su infinita compasión?

Tan grandes son su infinito amor y su piedad, que permite que el hombre lo niegue insolentemente, discuta sobre Él y degüelle a sus semejantes.

¿Cómo podemos medir la grandeza de Dios, que es tan perdonador, tan divino?

Él nos permite la libertad y sin embargo, Su compasión exige obediencia a Su Voluntad. Pero si alguno de nosotros desdeña inclinarse ante Su Voluntad, Él dice: "Que así sea". "Mi sol no brillará menos para ti, Mis nubes no lloverán menos para ti. No necesito obligarte a aceptar Mi dominio".

Tal Dios, deja que los ignorantes discutan su existencia. Millones de sabios creen en Él y yo nunca me canso de inclinarme ante Él y cantar Su gloria.

Dios es el capataz más duro que he conocido en la tierra. Él te prueba de principio a fin. Y cuando descubres que tu fe está fallando o que tu cuerpo te está fallando y te estás hundiendo, Él viene en tu ayuda de una forma u otra y te demuestra que no debes perder tu fe y que Él siempre está a tu disposición. Te llama, pero con sus términos. Así lo he encontrado yo. No puedo recordar un solo caso, en el que, a la hora undécima, Él me haya abandonado.

9. Tiene muchos nombres

Sólo hay un Dios omnipotente y omnipresente. Se le nombra de diversas formas y lo recordamos por el nombre que nos resulta más familiar.

Cada persona puede elegir el nombre que más le atraiga: *Ishwara, Allah, Khuda o Dios*, significan lo mismo. Dios tiene mil nombres, o mejor dicho, no tiene nombre.

Podemos adorarlo u orarle con cualquier nombre que nos agrade. Todos adoramos al mismo Espíritu, pero al igual que no todos los alimentos nos convienen a todos, no todos los nombres atraen a todos. Cada uno elige el nombre según Sus asociaciones y Él, siendo el Morador Interno, Todopoderoso y Omnisciente, conoce nuestros sentimientos más íntimos y nos responde según nuestros méritos.

En mi opinión, Rama, Rahaman, Ahurmazda, Dios o Krishna, son todos intentos por parte del hombre de nombrar esa Fuerza invisible. Porque, el hombre sólo puede concebir a Dios, dentro de las limitaciones de su propia mente.

¿Qué importa entonces si un hombre adora a Dios como persona y otro como Fuerza?

Ambos hacen lo correcto según sus luces.

Sólo hay que recordar que Dios es la Fuerza entre todas las fuerzas. Todas las demás fuerzas son materiales. Pero Dios es la *Fuerza Vital* o *Espíritu* que es todo-omnipresente, omniabarcante y por lo tanto, está más allá del alcance humano.

Daridranarayan, es uno de los millones de nombres por los cuales la humanidad conoce a Dios, que es innombrable e insondable para el entendimiento humano. Y significa el Dios de los pobres, Dios apareciendo en el corazón de los pobres.

10. Sus encarnaciones

Dios no es una persona. Afirmar que Él desciende a la tierra de vez en cuando, en forma de un ser humano, es una verdad parcial, que simplemente significa que tal persona vive cerca de Dios.

En la medida en que Dios es omnipresente, habita dentro de cada ser humano y por lo tanto, se puede decir que todos somos encarnaciones de Él .

Pero esto no nos lleva a ninguna parte. A Rama, Krishna, etc., se les llama encarnaciones de Dios porque les atribuimos cualidades divinas. Si realmente vivieron o no, no afecta la imagen que de ellos tiene la mente del hombre.

Capitulo dos: El alma

1. La chispa de la divinidad

Puede que no seamos Dios, pero somos de Dios, así como una pequeña gota de agua es del océano. Imagínatela arrancada del océano y arrojada a millones de kilómetros de distancia. Se vuelve indefensa, arrancada de su entorno y no puede sentir el poder y la majestuosidad del océano. Pero si alguien pudiera indicarle que es el océano, su fe reviviría, bailaría de alegría y todo el poder y la majestuosidad del océano se reflejarían en él.

2. El hombre es la imagen de Dios

Sólo el hombre está hecho a imagen de Dios. Que algunos de nosotros no reconozcamos nuestro estatus, no cambia las cosas, excepto en que no obtenemos el beneficio del estatus, así como un león criado en compañía de ovejas[1], puede no conocer su propio estatus y por lo tanto, no lo conoce y no recibe sus beneficios; pero le pertenece, sin embargo y en el momento en que se da cuenta, comienza a ejercer su dominio sobre las ovejas. Pero ninguna oveja disfrazada de león podrá jamás alcanzar el estatus leonino.

Y para probar la proposición de que el hombre está hecho a imagen de Dios, seguramente no es necesario demostrar que todos los hombres cier-

---

1. El autor hace referencia al relato hindú clásico, del felino que huérfano, creció entre un rebaño de ovejas, hasta que se encontró con un verdadero felino que le enseñó quien era. Aparece en la obra: "El encuentro de oriente y occidente y los fundamentos de la filosofía india" de Heinrich Zimmer, editorial ELA y se lo reproducimos como anexo al final de esta obra:

tamente exhiben esa imagen en su propia persona. Basta demostrar que al menos un hombre lo ha hecho ¿Y se negará que los grandes maestros religiosos de la humanidad han exhibido la imagen de Dios en sus personas?

3. La vida es una simple burbuja

Nuestra existencia como seres encarnados es puramente momentánea: ¿Qué son cien años en la Eternidad?

Pero si rompemos las cadenas del egoísmo y nos fundimos en el océano de la humanidad, compartiremos su dignidad.

Sentir que somos algo, es levantar una barrera entre Dios y nosotros mismos; dejemos de sentir que somos algo. Lo importante es llegar a ser uno con Dios. Una gota en el océano participa de la grandeza de su padre, aunque sea inconsciente de ello. Pero se seca tan pronto como entra en una existencia independiente del océano. No exageramos cuando decimos que la vida es una burbuja.

4. La vida y la muerte

Para mí, es tan claro como la luz del día, que la vida y la muerte no son más que fases de la misma cosa, el reverso y el anverso de la misma moneda. De hecho, los problemas, la tribulación y la muerte, me parecen presentar una fase mucho más rica que la felicidad o la vida.

¿Qué vale la vida sin pruebas y tribulaciones, que son la sal de la vida?

Quiero que todos atesoréis la muerte y el sufrimiento más que la vida y apreciéis su carácter limpiador y purificador. El cuerpo debe sufrir por sus malas acciones. Morimos para vivir una vez más, incluso cuando vivimos, para al final morir. La vida, por lo tanto, no es una ocasión de alegría, ni la muerte una ocasión de tristeza. Pero hay una cosa que es necesaria: debemos determinar nuestro deber en la vida y continuar cumpliéndolo hasta que muramos.

La muerte es bendita en cualquier momento, pero es doblemente bendita para un guerrero que muere por su causa, es decir la Verdad. La muerte no es un demonio, es el más fiel de los amigos, porque nos libra de la agonía.

Nos ayuda contra nosotros mismos, siempre nos da nuevas oportuni-

dades, nuevas esperanzas. Es como un sueño, una dulce restauradora. Sin embargo, es costumbre llorar la muerte de un amigo. Esta costumbre no tiene efecto cuando la muerte es la de un mártir.

5. La libertad de elección

El ser humano tiene razón, discriminación y libre albedrío, tal y como es. El bruto no tiene tal cosa. No es un agente libre y no conoce la distinción entre la virtud y el vicio, el bien y el mal.

El ser humano, siendo un agente libre, conoce estas distinciones y cuando sigue su naturaleza superior, se muestra muy superior al bruto, pero cuando sigue su naturaleza más baja, puede mostrarse inferior al bruto.

Pero este libre albedrío del que disfrutamos es menor que el de un pasajero en una cubierta abarrotada... El hombre es el creador de su propio destino, en el sentido de que tiene la libertad de elección en cuanto a la manera en que utiliza su libertad. Pero él no controla los resultados. En el momento en que cree que lo hace, sufre.

Es un privilegio y un orgullo especial del hombre, el estar dotado de las facultades de la razón y del corazón, el ser un animal no menos pensante que sensible, como lo demuestra la derivación misma de la palabra. En el ser humano la razón aviva y guía el sentimiento. En el bruto el alma permanece dormida. Despertar el corazón es despertar el alma dormida, despertar la razón es inculcar la discriminación entre el bien y el mal.

6. El deber primario del ser humano

Es deber de todo ser humano mirar atentamente hacia dentro y verse tal como es y no escatimar esfuerzos para mejorarse en cuerpo, mente y alma. Debe darse cuenta del daño causado por la injusticia, la maldad, la vanidad y cosas similares y hacer todo lo posible para combatirlas.

El patrimonio del hombre es de prueba. Durante ese período, tanto las fuerzas del mal como las del bien se aprovechan de él. Él siempre es presa de las tentaciones. Tiene que demostrar su virilidad resistiendo y luchando contra las tentaciones. No es un guerrero que lucha contra enemigos externos a su imaginación y es incapaz de levantar su dedo meñique contra los innumerables enemigos internos o lo que es peor, los confunde con amigos.

No es el deber del hombre, desarrollar todas sus facultades a la perfección; su deber es desarrollar a la perfección todas sus facultades hacia Dios y suprimir completamente aquellas de tendencias contrarias.

Es inherente al hombre, por imperfecto que sea, esforzarse incesantemente por alcanzar la perfección. En el intento cae en un ensueño. Y así como un niño intenta levantarse, cae una y otra vez y finalmente aprende a caminar, así también el hombre, con toda su inteligencia, es un mero niño en comparación con el Dios infinito y sin edad.

La meta siempre se aleja de nosotros. Cuanto mayor es el progreso, mayor es el reconocimiento de nuestra indignidad.

La satisfacción está en el esfuerzo, no en el logro. Un esfuerzo total es una victoria completa.

Capitulo cuatro: El mundo

1. El mundo es un cuerpo

Dios ha ordenado este mundo de tal manera que nadie puede guardarse su bondad o su maldad exclusivamente para sí mismo. El mundo entero es como el cuerpo humano con sus diversos miembros. El dolor en un miembro se siente en todo el cuerpo. La descomposición de una parte, inevitablemente envenena todo el sistema. Por lo tanto, dejemos de pensar en términos de todo un país.

Debemos poner fe en Dios y no tener cuidado con nada.

Tenemos nuestro destino en nuestras propias manos y nadie más que nosotros mismos puede crearlo o estropearlo.

2. El universo: una familia de naciones

Las naciones son coherentes porque existe una consideración mutua entre los individuos que las componen. Algún día debemos extender la ley nacional al universo, así como hemos extendido la ley familiar, para formar naciones, una familia más grande.

Dios ha ordenado que la India sea una nación así. De hecho, el *hinduismo* nos enseña a considerar a toda la humanidad como una familia indivisible e indivisa.

34

3. El problema del mal

¿Por qué existe el mal en el mundo?

Es una pregunta difícil de responder. Sólo puedo dar lo que podría llamar la respuesta de un aldeano. Si hay bien, también debe haber mal, así como donde hay luz, también hay oscuridad.

Pero esto es cierto sólo en lo que respecta a nosotros, los humanos mortales. Ante Dios no hay nada bueno ni nada malo. Podemos hablar de Su dispensación en términos humanos, pero nuestro lenguaje no es el de Dios.

No puedo explicar la existencia del mal mediante ningún método racional. Querer hacerlo es ser coigual con Dios. Por tanto, soy lo suficientemente humilde como para reconocer el mal como tal. Y llamo a todo: Dios sufriente y paciente, precisamente porque permite el mal en el mundo.

Sé que no hay mal en Él y sin embargo, si existe el mal, Él es su autor y sin embargo, no es afectado por él.

4. El par de fuerzas opuestas

La distinción entre pensamientos buenos y malos no deja de ser importante. Estos pensamientos tampoco surgen al azar. Siguen alguna ley, que las Escrituras han tratado de enunciar.

Hay ciertos problemas en matemáticas, para cuya solución es necesario hacer algunas suposiciones viables, que ayudan a la solución del problema, pero son puramente imaginarias y no tienen ningún otro uso práctico. De manera similar, los psicólogos han partido del supuesto de que un par de fuerzas opuestas están en guerra entre sí en el universo, de las cuales una es divina y la otra es diabólica.

La distinción la hacen todas las escrituras del mundo, pero yo digo que esta distinción es imaginaria. Dios es uno, sin segundo. Sólo él lo es. Él es indefinible. En realidad no hay guerra entre Dios y Satanás.

5. La mano de dios está detrás del bien y del mal

En sentido estrictamente científico, Dios está en el fondo tanto del bien como del mal. Dirige la daga del asesino no menos que el bisturí del cirujano. Pero a pesar de todo eso, el bien y el mal son, para los propósitos humanos, uno del otro, distintos e incompatibles, siendo simbólicos de la Luz y la Oscuridad, de Dios y Satanás respectivamente.

La mano de Dios está detrás del bien, pero en la mano de Dios no está simplemente el bien. Su mano también está detrás del mal, pero allí ya no hay mal.

"Bien" y "Mal", es nuestro propio lenguaje imperfecto. Dios está por encima del bien y del mal. Somos nosotros quienes albergamos pensamientos y somos nosotros mismos quienes los rechazamos.

Por lo tanto, tenemos que luchar contra nosotros mismos. Así, las Escrituras han dicho que hay duelo en el mundo, pero este duelo es imaginario, no es real. Sin embargo, podemos sostenernos en el mundo asumiendo que la existencia del duelo imaginario es real.

6. La bendiciones de la calamidad

Es una experiencia universal que cada calamidad hace caer de rodillas al hombre sensato. Piensa que es la respuesta de Dios a sus pecados y que en adelante debe comportarse mejor. Sus pecados lo han dejado irremediablemente débil y en su debilidad clama a Dios pidiendo ayuda. Así, millones de seres humanos utilizaron sus calamidades personales para mejorar.

También se sabe que las naciones invocan la ayuda de Dios cuando las calamidades las sobrevienen. Se han humillado ante Dios y han señalado días de humillación, oración y purificación.

Parte II: el sadhana moral

Capítulo cuatro: la verdad

Om
Tres grandes joyas
(Virtudes Cardinales)
Verdad, Amor, Moderación

La Verdad apoya.
El amor une.
La moderación anima.

Podemos conquistar el mundo con Verdad y Amor.

El control del pensamiento, la palabra y la acción es,
Brahmacharya: una fuente perenne de energía eterna.

El servicio desinteresado,
conduce a la Salvación.

1. ¿Qué es la verdad?

¿Qué es la verdad?

Es una pregunta difícil, pero la he resuelto por mí mismo, diciendo que es lo que te dice la *Voz interior*.

¿Cómo entonces -me preguntas- diferentes personas piensan en verdades diferentes y contrarias?

Debido a que, en este momento, todos reclaman el derecho de conciencia, sin pasar por ninguna disciplina, se está diciendo tanta falsedad en un mundo desconcertado.

Todo lo que puedo, con verdadera humildad, presentaros, es que nadie que no tenga un abundante sentido de humildad, puede encontrar la Verdad.

Si quieres nadar en el seno del océano de la Verdad, debes reducirte a cero.

La Verdad está dentro de nosotros mismos. Hay un centro íntimo en todos nosotros, donde la Verdad habita en plenitud.

Todo malhechor sabe, dentro de sí mismo, que está haciendo mal, porque la falsedad no puede confundirse con la Verdad.

La Verdad y la Justicia deben seguir siendo para siempre la Ley en el mundo de Dios.

Se entiende que la Ley de la Verdad, simplemente significa que debemos decir la Verdad. Pero entendemos la palabra en un sentido mucho más amplio.

Debe haber Verdad en el pensamiento, Verdad en el habla y Verdad en la acción.

2. La Verdad es la fuente del carácter

El carácter se basa en la acción virtuosa y la acción virtuosa, se basa en la Verdad.

La verdad, entonces, es la fuente y fundamento de todas las cosas buenas y grandes.

Por lo tanto, la búsqueda intrépida e inquebrantable del ideal de la Verdad y la Rectitud, es la clave de la verdadera salud[1], como de todo lo demás.

3. ¿Cómo realizarla?

Pero ¿cómo puede uno realizar la Verdad?, ¿qué puede compararse con la Piedra Filosofal o la Vaca de la Abundancia?

Por la devoción resuelta (*Abhyasa*) y la indiferencia hacia cualquier otro interés (*Vairagya*).

El *silencio* es de gran ayuda para un buscador de la *Verdad* como yo. En la actitud de silencio, el alma encuentra el camino, con una luz más clara y lo que es esquivo y engañoso, se resuelve en una claridad cristalina.

Nuestra vida es una larga y ardua búsqueda de la Verdad y el Alma requiere descanso interior para alcanzar su máxima altura. La experiencia me ha enseñado que el silencio es parte de la disciplina espiritual de un devoto de la Verdad.

La propensión a exagerar, suprimir o modificar la Verdad, consciente o inconscientemente, es una debilidad natural del hombre y el silencio es necesario para superarla.

Un hombre de pocas palabras, rara vez será irreflexivo en su discurso. Él medirá cada palabra.

4. La necesidad de vigilancia sin miedo

Hay tanta superstición e hipocresía alrededor, que uno tiene miedo incluso de hacer lo correcto. Pero si uno cede al miedo, incluso la *Verdad* tendrá que ser suprimida.

La regla de oro es actuar sin miedo según lo que uno cree que es correcto.

El peligro es que, cuando estamos rodeados de falsedad por todos

---

1. El concepto de la salud de Gandhi, queda explicado en su obra: "Las claves de la salud", donde trata de temas sencillos y comunes a nuestra vida cotidiana partiendo de un enfoque amplio, basado en la naturaleza. Estas sencillas propuestas individuales, con el tiempo dieron lugar a profundos cambios sociales en la India y en todo el mundo. Si tuviéramos que resumir el pensamiento práctico de Gandhi en un solo libro, éste sin duda sería el más indicado.

lados, podemos quedar atrapados en ella y comenzar a engañarnos a nosotros mismos. Debemos tener cuidado de no equivocarnos, por nuestra pereza e ignorancia.

La vigilancia constante en todas las circunstancias es esencial.

5. Su valor supremo

Qué hermoso sería si todos nosotros, jóvenes y viejos, hombres y mujeres, nos dedicáramos enteramente a la Verdad en todo lo que pudiéramos hacer, en nuestras horas de vigilia, ya sea trabajando, comiendo, bebiendo o jugando, hasta que el sueño puro y sin sueños nos reclamara.

Dios, como Verdad, ha sido para mí un tesoro que no tiene precio ¡Que así sea con todos nosotros!

Por lo tanto, la búsqueda de la Verdad es el verdadero *Bhakti*.

Es el camino que conduce a Dios. En él no hay lugar para la cobardía ni para la derrota. Es el talismán mediante el cual la muerte misma se convierte en el portal a la Vida Eterna.

Capítulo cinco: el Amor (Ahimsa)

1. La Verdad y el Amor

El *Amor* y la *Verdad*, son las caras de la misma moneda, ambos muy difíciles de practicar y las únicas cosas por las que vale la pena vivir.

Una persona no puede ser sincera, si no ama a todas las criaturas de Dios. La *Verdad* y el *Amor* son, por lo tanto, el sacrificio completo.

Sin *Verdad* no hay *Amor*. Sin la *Verdad*, el *amor* puede ser afecto, como hacia el propio país, en perjuicio de los demás; o enamoramiento de un joven por una chica. El *Amor* trasciende toda animalidad y nunca es parcial.

El *Amor Verdadero* es ilimitado como el océano y se hincha dentro de uno, se extiende y cruza todos los límites y fronteras, envuelve al mundo entero.

2. El Amor une

Los científicos nos dicen que sin la presencia de la fuerza cohesiva entre los átomos que componen nuestro globo, éste se desmoronaría y dejaríamos de existir y así como hay una fuerza cohesiva en la materia ciega, así debe haberla en todas las cosas animadas y el nombre de esa fuerza cohesiva entre los seres animados es: el *Amor*.

Lo notamos entre padre e hijo, entre hermano y hermana, entre amigo y amigo. Pero tenemos que aprender a usar esa fuerza entre todo lo que vive y en el uso de ella consiste nuestro conocimiento de Dios.

3. El Amor es vida

Si el *Amor* no fuera la ley de la vida, la vida no habría persistido en medio de la muerte. La vida es un triunfo perpetuo sobre la tumba.

Si hay una distinción fundamental entre el hombre y la bestia, es el reconocimiento progresivo de la Ley por parte del primero y su aplicación en la práctica a su propia vida personal. Todos los santos del mundo, antiguos y modernos, fueron cada uno, según su luz y capacidad, una ilustración viva de esa Ley suprema de nuestro ser.

Es bastante cierto que la bestia que hay en nosotros a menudo parece obtener un triunfo fácil ¿Cómo podría ser de otra manera con una Ley que es tan elevada como la Verdad misma? Cuando la práctica de la Ley se vuelva universal, Dios reinará en la tierra como lo hace en el Cielo.

No necesito que me recuerden que la tierra y el cielo están dentro de nosotros. Conocemos la tierra, pero somos extraños al cielo que está dentro de nosotros.

Creo firmemente que es el *Amor* el que sostiene la tierra. Sólo hay vida donde hay *Amor*. La vida sin *Amor* es muerte.

El *Amor* es el reverso de la moneda cuyo anverso es la *Verdad*.

El odio siempre mata; el *Amor* nunca muere. Ésa es la gran diferencia entre los dos. Lo que se obtiene por el *Amor* se conserva para siempre. Lo que se obtiene con el odio, resulta en realidad una carga, porque aumenta el odio.

El deber del ser humano es disminuir el odio y promover el *Amor*.

4. La ley del Amor

La *Ley del Amor*, llámala *atracción, afinidad o cohesión* si quieres, gobierna el mundo. El universo continúa a pesar de la destrucción que sigue incesantemente.

La *Verdad* triunfa sobre la mentira. El *Amor* vence al odio. Dios triunfa eternamente sobre Satanás. Tendremos amplios motivos para felicitarnos si aprendemos a sustituir la ley de la selva en la sociedad por la *Ley del Amor* y en lugar de albergar mala voluntad y enemistad en nuestro pecho contra aquellos a quienes consideramos nuestros enemigos, aprendemos a amarlos, como amigos reales y potenciales.

5. La religión de Ahimsa

El mundo está lleno de *Himsa* y la Naturaleza parece estar "preparada con dientes y garras". Pero si tenemos en cuenta que el hombre es superior al bruto, entonces el hombre es superior a la Naturaleza.

Si el hombre tiene una misión divina que cumplir, una misión que le conviene, es la de *Ahimsa*.

No soy un visionario. Pretendo ser un idealista práctico. La religión de la *no violencia*, no está destinada únicamente a *rishis* y santos. Está destinada también a la gente común.

La no violencia es la ley de nuestra especie, como la violencia es la ley del bruto.

La dignidad del hombre exige la obediencia a una ley superior, para fortalecer el espíritu. El hombre como animal es violento, pero como Espíritu no es violento. En el momento en que despierta al Espíritu interior, no puede permanecer violento. O avanza hacia *Ahimsa* o corre hacia su perdición. Por eso, los profetas y los *avataras*, han enseñado la lección de la Verdad, la Armonía, la hermandad, la justicia, etc., todos atributos de *Ahimsa*.

Por lo tanto, que nadie dude de que la salvación de todos los pueblos explotados de la tierra y por lo tanto, del mundo, reside en la más estricta confianza en la moneda en cuya cara está escrita en letras grandes la *Verdad* y en la otra la *No violencia*. Sesenta años de experiencia, no me han enseñado otro método.

Capítulo seis: la autocontención

1. La restricción debe ser voluntaria

La moderación auto-impuesta, no es compulsión. Un hombre que elige el camino de la libertad sin restricciones, es decir: la autocomplacen-

43

cia, será un esclavo de las pasiones, mientras que un hombre que se ata a las reglas y a las restricciones, se libera.

Todas las cosas en el universo, incluidos el sol, la luna y las estrellas, obedecen ciertas leyes y sin la influencia restrictiva de estas leyes, el mundo no funcionaría ni un solo momento.

Es la disciplina y la moderación lo que nos separa del bruto. Si queremos ser hombres que caminemos con la cabeza erguida y no a cuatro patas, comprendamos y pongámonos bajo la disciplina y la moderación voluntarias.

2. El control del paladar

La verdadera felicidad es imposible, sin la verdadera salud y la verdadera salud, es imposible sin un rígido control del paladar. Todos los demás sentidos, quedarán automáticamente bajo nuestro control, cuando el paladar esté bajo nuestro control.

Y quien ha conquistado sus sentidos, realmente, ha conquistado el mundo entero.

Uno, no debe comer para complacer el paladar, sino simplemente para mantener el cuerpo en funcionamiento. Cuando cada órgano de los sentidos, sirve al cuerpo y a través del cuerpo, al alma, su gusto específico desaparece y sólo entonces, comienza a funcionar en la forma en que la naturaleza pretendía que lo hiciera.

Cualquier número de experimentos es demasiado pequeño y ningún sacrificio, demasiado grande, para lograr esta sinfonía con la naturaleza.

3. La conquista de la lujuria

La conquista de la lujuria, es el esfuerzo más elevado de la existencia del hombre o de la mujer. Sin superar la lujuria, el hombre no puede esperar gobernarse a sí mismo. Y sin el dominio sobre uno mismo, no puede haber *Swaraj* ni *Ramaraj.*

El gobierno de todos, sin el gobierno de uno mismo resultaría tan engañoso y decepcionante como un mango de cera pintado, encantador a la vista por fuera, pero hueco y vacío por dentro...

Las grandes causas... requieren del esfuerzo espiritual o de la fuerza del alma. La fuerza del alma, viene sólo a través de la gracia de Dios y la gracia de Dios nunca desciende sobre un hombre que es esclavo de la lujuria.

Brahmacharya, significa el control de todos los órganos de los sentidos. Aquél que intenta controlar sólo un órgano y permite que todos los demás funcionen libremente, encontrará que su esfuerzo es inútil. Escuchar historias sugerentes con los oídos, ver imágenes sugerentes con los ojos, saborear alimentos estimulantes con la lengua, tocar cosas excitantes con las manos y luego, al mismo tiempo, tratar de controlar el único órgano que queda, es como poner la mano en el fuego y luego tratar de escapar sin ser quemado.

Si practicamos el autocontrol simultáneo, en todas las direcciones, el intento será científico y será fácil que logremos el éxito.

Quizás el paladar sea el principal pecador. Por eso, le hemos asignado a su control un lugar separado entre las observancias.

4. La sublimación de la vitalidad

Todo poder, proviene de la observación y de la sublimación de la vitalidad, responsable de la creación de la vida. Si la vitalidad se conserva, en lugar de disiparse, se transmuta en energía creativa del más alto nivel.

Esta vitalidad es disipada por los malos pensamientos. Y como el pensamiento es la raíz de todo habla y de toda acción, la cualidad de esta última corresponde a la de la primera.

Por lo tanto, el pensamiento perfectamente controlado, es en sí mismo un poder de la más alta potencia y puede actuar por sí mismo.

Tal poder es imposible en alguien que disipa su energía, así como el vapor mantenido en una olla que gotea no produce energía.

5. Restricción vs. Supresión

Es perjudicial reprimir el cuerpo, si al mismo tiempo se permite que la mente se extravíe. Donde la mente divaga, el cuerpo debe seguirla tarde o temprano.

Es necesario aquí apreciar una distinción. Una cosa es permitir que la mente albergue pensamientos impuros y otra cosa completamente distinta, es que se desvíe entre ellos a pesar de nosotros mismos. La victoria será nuestra al final, si no cooperamos con la mente en este maligno proceso. Por lo tanto, debemos tomar inmediatamente el cuerpo en nuestras manos y luego debemos hacer un esfuerzo constante para controlar la mente. No podemos hacer nada más ni nada menos.

La moderación nunca arruina la salud. Lo que arruina la salud, no es la moderación sino la represión exterior. Una persona realmente sobria, crece cada día de fortaleza en fortaleza y de paz hacia más paz.

El primer paso en la auto-restricción, es la restricción de los pensamientos. Comprende tus limitaciones y haz sólo lo que puedas. Que esto no te alarme o te debilite. Apunta siempre a la completa armonía de pensamiento, palabra y acción. Apunta siempre a purificar tus pensamientos y todo estará bien.

No hay nada más potente que el pensamiento, la acción sigue a la palabra y la palabra sigue al pensamiento.

El mundo es el resultado de un pensamiento poderoso y donde el pensamiento es poderoso y puro, el resultado siempre es poderoso y puro.

Capítulo siete: el servicio abnegado

1. El servicio abnegado es una fuente de alegría

El cuerpo humano está destinado únicamente al servicio, nunca al placer. El secreto de una vida feliz, reside en la renuncia. La renuncia es vida. La indulgencia es la muerte. Por lo tanto, todo el mundo tiene derecho y debe desear vivir 125 años, prestando servicio sin mirar el resultado. Y esa vida debe estar total y exclusivamente dedicada al servicio.

La renuncia hecha por el bien del servicio, es una alegría inefable, de la que nadie nos puede privar, porque ese néctar brota del interior y sostiene la vida. Aquí no puede haber lugar para la preocupación o para la impacien-

---

1. Sobre el tema del poder del pensamiento, la obra de Swami Sivananda: "El pensamiento y su poder", editorial ELA, sigue la línea que indica Gandhi y es de las obras más reconocidas sobre este tema.

cia. Sin esta alegría, una larga vida es imposible y no valdría la pena, incluso si fuera posible.

Si el alma es omnipresente; ¿Por qué debería importarle estar confinada dentro de una jaula?

¿Cómo se puede hacer el mal e incluso matar por el bien de la jaula?

Llegamos así al ideal de la renuncia total y aprendemos a utilizar el cuerpo con fines de servicio, mientras exista, hasta el punto de que el servicio y no el pan, se convierte para nosotros en el sostén de la vida.

Comemos y bebemos, dormimos y despertamos, sólo para servir. Semejante actitud mental nos traerá la verdadera felicidad y la visión beatífica en la plenitud de los tiempos.

2. El servicio destinado a la autorrealización

Estoy aquí para servir a nadie más que a mí mismo, para encontrar mi propia realización a través del servicio a esta gente del pueblo. El objetivo último del hombre es la *realización de Dios* y todas sus actividades (sociales, políticas y religiosas) deben estar guiadas por el objetivo último de la *visión de Dios.*

El servicio inmediato a los seres humanos se convierte en una parte necesaria del esfuerzo, simplemente porque la única manera de encontrar a Dios, es verlo en Su creación y ser uno con ella. Y esto sólo se puede hacer a través del propio país.

Soy parte integral del todo y no puedo encontrarlo aparte del resto de la humanidad. Mis compatriotas son mis vecinos más cercanos y se han vuelto tan indefensos, tan carentes de recursos y tan inertes, que debo concentrarme en servirles.

Si pudiera convencerme de que lo encontraría en una cueva de los Himalayas, iría allí inmediatamente. Pero sé, que no puedo encontrarlo, fuera de la humanidad.

3. El servicio conduce a la salvación

Estoy luchando por el Reino de los Cielos, que es la liberación espiritual. Para mí, el camino hacia la salvación pasa por el trabajo incesante al servicio de mi país y de mi humanidad.

Quiero identificarme con todo lo que vive. En el lenguaje del Gita, quiero vivir en paz tanto con los amigos como con los enemigos.

Mi patriotismo es para mí, una etapa en mi viaje hacia la tierra de la Libertad y de la Paz Eterna. Por eso, para mí, no hay política sin religión. La política sirve a la religión. La política desprovista de religión es una trampa mortal porque mata el Alma.

4. El servicio debe ser constante

Una vida de servicio, debe ser una vida de humildad. Quien podría sacrificar su vida por los demás, apenas tiene tiempo para reservarse un lugar al sol.

La inercia no debe confundirse con la humildad, como ha ocurrido en el hinduismo. La verdadera humildad, significa el esfuerzo más arduo y constante, enteramente dirigido al servicio de la humanidad.

Dios está continuamente en acción sin descansar ni un solo momento. Si debemos servirle o llegar a ser uno con Él, nuestra actividad debe ser tan incansable como la suya.

Puede haber un descanso momentáneo reservado para la gota que está separada del océano, pero no para la gota en el océano, que no conoce reposo. Lo mismo ocurre con nosotros mismos. Tan pronto como nos volvemos uno con el océano, en la forma de Dios, ya no hay descanso para nosotros, ni necesitamos descansar más. Nuestro mismo sueño es acción. Porque dormimos con el pensamiento de Dios en nuestro corazón. Y esta inquietud constituye el verdadero descanso. Esta agitación incesante encierra la clave de una paz inefable.

Este estado supremo de entrega total, es difícil de describir, pero no está más allá de los límites de la experiencia humana. Lo han logrado muchas almas dedicadas y nosotros también podemos lograrlo.

Parte III: el Sadhana espiritual

Capítulo ocho: la fe

Om
La fe firme,
fortalece la Voluntad;
La oración sincera,
desarrolla la Devoción;
La meditación conmovedora,
despierta la Intuición;
y la dedicación perfecta,
¡atrae a la gracia!

1. Ser incrédulo es una enfermedad

Hoy en día, está de moda descartar a Dios por completo de la vida e insistir en la posibilidad de alcanzar el tipo de vida más elevado, sin la necesidad de una fe viva en un Dios vivo.

Y yo, debo confesar mi incapacidad para hacer comprender la verdad de la ley, a aquellos que no tienen fe ni necesidad de un poder infinitamente superior a ellos, porque mi propia experiencia, me ha llevado al conocimiento de que la vida más plena, es imposible sin una creencia inamovible en una Ley viva, en obediencia a la cual se mueve todo el universo. Un hombre sin esa fe es como una gota arrojada del océano, que está destinada a perecer. Cada gota del océano comparte su majestuosidad y tiene el honor de brindarnos el ozono de la vida.

Es bastante fácil decir: "No creo en Dios", porque Dios permite que se diga todo de Él con impunidad. Él mira nuestros actos. Y cualquier violación de Su Ley trae consigo un castigo no vengativo sino purificador y apremiante.

La existencia de Dios no puede ser probada ni necesita ser probada. Dios es. Si no lo sientes, peor para ti. La ausencia de sentimiento es una enfermedad de la que algún día nos libraremos, nolens volens.

2. La necesidad de una fe viva

Ninguna búsqueda es posible, sin algunos supuestos básicos. Si no concedemos nada, no encontraremos nada.

Desde su comienzo, el mundo, incluidos los sabios y los necios, ha procedido bajo el supuesto de que, si nosotros existimos, Dios existe y que, si Dios no existe, nosotros no existimos. Y dado que la creencia en Dios coexiste con el ser humano, de este modo, la existencia de Dios se trata como un hecho más definido que el hecho de que existe el sol.

Esta fe viva ha resuelto la mayor cantidad de enigmas de la vida. Ha aliviado nuestra miseria y nos sostiene en la vida, siendo nuestro consuelo en la muerte.

3. Los testimonio de los santos

Una verdadera fe, es la apropiación de la experiencia razonada de algunas personas, que creemos que han vivido una vida purificada por la oración y la penitencia. Por lo tanto, creer en los profetas y en encarnaciones que han vivido en épocas remotas, no es una superstición vana, sino la satisfacción de una necesidad espiritual más íntima.

Dicen que cualquiera que siga el camino que ellos han recorrido puede realizar a Dios, pero el hecho es que no queremos seguir el camino que conduce a la realización y no aceptaremos el testimonio de otros testigos presenciales, sobre algo que realmente importa.

4. La fe y la razón

Hay temas en los que la razón no puede llevarnos muy lejos y tenemos que aceptar las cosas por fe. La fe, entonces, no contradice la razón sino que la trasciende.

La fe es una especie de sexto sentido que actúa en los casos que no están bajo la perspectiva de la razón. La fe sólo comienza donde termina la razón, aunque hay muy pocas acciones en el mundo para las que no se pueda encontrar una justificación razonable.

La experiencia me ha humillado lo suficiente como para permitirme darme cuenta de las limitaciones específicas de la razón. Así como la materia fuera de lugar, se convierte en suciedad, la razón mal utilizada se convierte en locura. Si le diéramos al César lo que es del César, todo estaría bien.

5. Las limitaciones del intelecto

Hay algo infinitamente más elevado que el intelecto, que gobierna incluso a los escépticos. Su escepticismo y su filosofía, no les ayudan en el período crítico de sus vidas. Necesitan algo mejor, algo fuera de ellos.

Y así, si alguien me plantea un enigma, le digo: "No sabrás el significado de Dios ni de la oración, a menos que te reduzcas a una cifra". Debes ser lo suficientemente humilde, para ver que a pesar de tu grandeza y tu gigantesco intelecto, no eres más que una mota en el universo.

No basta con una concepción meramente intelectual de las cosas de la vida. Es la concepción espiritual la que elude el intelecto y la única que puede darnos satisfacción.

Incluso los hombres adinerados tienen períodos críticos en sus vidas. Aunque están rodeados de todo lo que el dinero puede comprar y el afecto puede brindar, en ciertos momentos de sus vidas, se encuentran completamente perdidos. Es en estos momentos que tenemos un vislumbre de Dios, una visión de Aquél que guía a cada uno de nuestros pasos.

El intelecto nos acompaña en la batalla de la vida hasta cierto punto, pero en el momento crucial nos falla. La fe trasciende la razón.

Es cuando el horizonte se vuelve más oscuro y nuestra razón humana es derribada, cuando la fe brilla más y viene en nuestro rescate. Es esa fe, la que nuestra juventud requiere y ésta llega, cuando uno se ha despojado de todo el orgullo del intelecto y se ha entregado por completo a Su voluntad.

6. Tener una fe como la de los niños

Podría haber dejado aparte todas las explicaciones racionales y haber comenzado con una simple fe infantil en Dios. Si yo existo, Dios existe.

Para mí es una necesidad de mi ser, como lo es para millones. Quizás no puedan hablar de ello, pero en sus vidas se puede ver que es parte de sus vidas.

Sólo os pido que restablezcáis la creencia que os ha sido socavada. Para lograrlo tenéis que desaprender mucha literatura que deslumbra vuestra inteligencia y os hace perder el equilibrio.

Comenzad con la fe, que es también una muestra de humildad y una admisión de que no sabemos nada, que somos menos que los átomos en este universo. Somos menos que los átomos, lo digo, porque el átomo obedece la ley de su ser, mientras que nosotros, en la insolencia de nuestra ignorancia, negamos la ley de la naturaleza.

Pero no tengo ningún argumento que dirigir a aquellos que no tienen fe. Afirmo ser un hombre de fe y de oración y aunque fuera hecho pedazos, confío en que Dios me daría la fuerza para no negarlo, sino para afirmar que lo es.

Estoy más seguro de Su existencia que del hecho de que tú y yo estemos sentados en esta habitación. Y también puedo testificar que puedo vivir sin aire y agua, pero no sin Él[1].

Puedes arrancarme los ojos, pero eso no puede matarme. Puedes cortarme la nariz, pero eso no me matará. Pero destruye mi fe en Dios y estaré muerto. Puedes llamar a esto una superstición, pero confieso que es una superstición que abrazo, así como solía abrazar el nombre de *Rama*[2], en mi infancia, cuando había algún motivo de peligro o alarma.

---

1. Como lo demostró multitud de veces en su vida, practicando el ayuno de forma pública en más de 17 ocasiones en su vida, para combatir determinadas causas y hacer reflexionar a la gente. Gandhi dijo de los ayunos: "Mi religión me enseña que, siempre que haya angustia que no se pueda eliminar, hay que ayunar y orar. Los ayunos son parte de mi ser y puedo prescindir tanto de los ojos como de los ayunos. Lo que los ojos son para el mundo exterior, los ayunos lo son para el interior. No los hago para divertirme. No torturaría la carne por amor a la fama. Un ayuno genuino limpia el cuerpo, la mente y el alma. Crucifica la carne y en esa medida libera el alma. Un ayuno completo es una negación completa y literal de uno mismo. Es la oración más verdadera. 'Toma mi vida y déjala ser, siempre, sólo, todo para Ti' no es, ni debería ser, un simple labio o expresión figurativa. Tiene que ser un dar imprudente y alegre sin la menor reserva. La abstención de alimentos e incluso de agua no es más que el mero comienzo, la mínima parte de la rendición".

2. Rama (Sánscrito). Séptimo avatar o encarnación de Vishnu; hijo mayor del rey Dazaratha y de Kauzalya, una de sus cuatro esposas. Su nombre completo es Rama-Chandra. Es el protagonista del gran poema épico Ramayana (ed. ELA). Se casó con Sîta, que era el avatar femenino de Lakchmî, esposa de Vishnu y fue arrebatada por Ravana, rey-demonio de Lanka [Ceilán], lo cual suscitó la famosa guerra. Su historia se halla sucintamente relatada en el Mahâbhârata y con la mayor extensión en el poema Ramayana. Véase: Ramayana en el "Glosario Teosófico", ed. ELA.

7. El poder de la fe viva

Queremos la luz constante, la luz infalible de la fe religiosa; no una fe que simplemente apela a la inteligencia, sino una fe que está indeleblemente grabada en el corazón.

Primero queremos realizar nuestra conciencia religiosa, e inmediatamente lo hemos hecho, todo el departamento de la vida está abierto para nosotros y debería ser entonces un privilegio sagrado de todos, de modo que cuando los jóvenes lleguen a la edad adulta, puedan hacerlo debidamente equipados para luchar contra la vida.

Es la fe, la que nos guía a través de los mares tormentosos; la fe que mueve montañas y la fe que salta a través del océano.

Que la fe no sea más que una vida viva y amplia. Despierta la conciencia de Dios en tu interior. Quien ha alcanzado esa fe, no quiere nada más. Estando enfermo corporalmente, está espiritualmente sano; estando pobre físicamente, se enriquece con las riquezas espirituales.

8. ¿Cómo adquirir la fe?

La fe, no se puede adquirir por la fuerza del intelecto. Llega lentamente después de una meditación profunda y una práctica continua.

Oramos, cantamos himnos, leemos libros, buscamos la asociación de los hombres de Dios y realizamos el sacrificio del hilado, para alcanzar esa Fe.

Capítulo nueve: La oración

1. La naturaleza de la oración

La Mente Divina es inmutable, pero esa Divinidad está en todos y en todo lo animado e inanimado. El significado de la oración es querer invocar esa Divinidad en mí. Me lo ruego a mí mismo, a mi Yo Superior, el Yo Real, con el que aún no he logrado una identificación completa[1].

1. Recordemos la división del ser humano propia del vedanta y de la teosofía, que plantea que existen varios cuerpos en el hombre: 1. El cuerpo físico, 2. El cuerpo astral, 3. El cuerpo mental y 4. El cuerpo causal, que son la morada del Yo Superior. Para más datos consultar las obras de A. Power en editorial ELA: "El doble etérico"; "El cuerpo astral y otros fenómenos astrales"; "El cuerpo mental"; "El cuerpo causal y el ego", que proporcionaron una muy buena compilación de la información teosófica de los cuerpos y los planos de energía.

Puedes, por lo tanto, describirla como un anhelo continuo de perderme en la Divinidad que lo abarca todo. La oración es realmente una meditación completa y una fusión en el Ser Superior, aunque ocasionalmente uno cae en la imploración como la de un niño a su padre.

Yo no lo llamaría lapso, porque está más en la idoneidad de las cosas, decir que oro a un Dios que existe en algún lugar entre las nubes y que cuanto más lejos está, mayor es mi anhelo por Él y me encuentro en Su presencia en el pensamiento.

Y el pensamiento[1], ya sabes, tiene una velocidad mayor que la luz. Por lo tanto, la distancia entre Él y yo, aunque tan incalculablemente grande, queda borrada. Está tan lejos y sin embargo, tan cerca.

2. Una fuente de paz y de luz

Hay una lucha eterna, que se libra en el pecho del hombre, entre los poderes de la oscuridad y la Luz y aquel que tiene el ancla de la oración en la que confiar, no será víctima de los poderes de la oscuridad.

El hombre de oración, estará en paz consigo mismo y con el mundo entero y el hombre que se ocupa de los asuntos del mundo sin un corazón de oración, será miserable y también hará miserable al mundo.

Es una experiencia universal, que cada calamidad haga caer de rodillas a un hombre sensato. Piensa que es la respuesta de Dios a sus pecados y que en adelante debe comportarse mejor. Sus pecados lo han dejado irremediablemente débil y en su debilidad clama a Dios pidiendo ayuda. Así, millones de seres humanos utilizaron sus calamidades personales para la superación personal.

La oración es el único medio para lograr el orden, la paz y el reposo, en nuestros actos diarios.

---

1. Como dice Swami Sivananda, en su obra "El pensamiento y su poder": "Mientras que la luz viaja a la velocidad de 300.000 Km por segundo, los pensamientos la aventajan en velocidad. Un pensamiento es algo tan sólido como una piedra. Todo pensamiento emitido es una vibración que no perece jamás, continúa vibrando en cada partícula del universo. Nosotros podemos dejar de existir, pero nuestros pensamientos perduran. El pensamiento tiene un poder tremendo. Puede curar enfermedades, transformar la mentalidad de las personas, puede hacer cualquier cosa. Y cuanto más fuertes son los pensamientos, más pronto fructifican. En definitiva, los pensamientos, pueden hacer cualquier cosa, puedes hacer maravillas con ellos y este libro te enseña cómo. Del mismo modo que se practican ejercicios físicos y deportes para mantener un buen estado de salud física, debe mantenerse también la salud mental".

3. La esencia y el poder de la oración

Quien tenga hambre del despertar de lo Divino en él, debe recurrir a la oración. Pero no se trata de la repetición de una fórmula vacía. *Es mejor, en la oración, tener un corazón sin palabras, que unas palabras sin corazón.* Debe ser una respuesta clara al espíritu que anhela. Como un hombre hambriento disfruta de una comida abundante, así un alma hambrienta disfrutará de una oración sincera.

Y os cuento un poco de mi experiencia y de la de mis compañeros, cuando digo que quien ha experimentado la magia de la oración, puede pasar días seguidos sin comer, pero ni un solo momento sin oración. Porque sin oración no hay paz.

La oración no es un vuelo de la elocuencia. No es un homenaje labial. Surge del corazón. Por lo tanto, si logramos esa pureza del corazón, cuando está vacío de todo excepto del amor, si mantenemos todos los acordes en la adecuada sintonía, "temblando, pasarán en la música fuera de la vista".

La oración no necesita discurso. No tengo la menor duda de que la oración es un medio infalible para limpiar el corazón de las pasiones. Pero debe combinarse con la máxima humildad.

Nuestra oración es una búsqueda del corazón. Es un recordatorio para nosotros mismos, de que estamos indefensos sin Su apoyo. Ningún esfuerzo está completo sin oración, sin un reconocimiento definitivo de que el mejor esfuerzo humano, no tiene ningún efecto, si no cuenta detrás con las bendiciones de Dios.

La oración es una llamada a la humildad. Es una llamada a la auto-purificación.

4. La paciencia necesaria para el éxito

La verdadera oración es un escudo y una protección absoluta contra los males, aunque el éxito no siempre acompaña al primer esfuerzo de una oración tan viva. Tenemos que luchar contra nosotros mismos, tenemos que creer a pesar de nosotros mismos, porque los meses son como nuestros años. Por lo tanto, debemos cultivar una paciencia ilimitada si queremos darnos cuenta de la eficacia de la oración.

Habrá oscuridad, desilusión y cosas aún peores; pero debemos tener el valor suficiente para luchar contra todo esto y no sucumbir a la cobardía. No existe el retiro para un hombre de oración.

Puede que sea necesario tiempo para que la recitación surja del corazón, del mismo modo que una semilla sembrada debe ser cultivada y da fruto sólo a su debido tiempo.

Si el deseo de tener a Dios dentro de nosotros está ahí, es probable que haya progreso, por lento que sea.

El hombre no puede transformarse de malo en bueno de la noche a la mañana. Dios no ejerce esa magia. Dios también está sujeto a Su propia Ley. Su Ley, sin embargo, es diferente de la ley del Estado. Puede haber errores en esta última, pero Dios no puede equivocarse. Si Él fuera más allá de los límites de Su Ley, el mundo estaría perdido. Él es inmutable, inigualable y el mismo ayer, hoy y por los siglos. Su Ley está escrita en las tablas de vuestros corazones. Sólo podréis convertiros en hombres y mujeres transformados, con el deseo de reformaros y estando preparados para un esfuerzo incesante.

5. El periodo de oración

No puede haber ninguna regla fija sobre el momento en que deben realizarse estos actos devocionales. Depende de los temperamentos individuales.

Los ejercicios tienen como objetivo hacernos sobrios y humildes y permitirnos darnos cuenta de que nada sucede sin Su voluntad y que no somos más que "barro en manos del Alfarero".

Hay momentos preciosos en la vida diaria. Son momentos en los que uno revisa su pasado inmediato, confiesa sus debilidades y pide perdón y fuerza para ser y hacer mejor las cosas.

Un minuto puede ser suficiente para algunos, veinticuatro horas serían demasiado poco para otros.

Para aquellos que están llenos de la presencia de Dios en ellos, trabajar es orar. La vida es una oración continua o un acto de adoración.

Para aquellos que actúan sólo para pecar, para complacerse y vivir para sí mismos, ningún tiempo es demasiado. Si tuvieran paciencia, fe y voluntad de ser puros, orarían hasta sentir la presencia purificadora definitiva de Dios, dentro de ellos.

Para nosotros, los mortales comunes y corrientes, debe existir un camino intermedio entre estos dos extremos. No estamos tan exaltados como para poder decir que todos nuestros actos son una dedicación, ni tal vez hayamos llegado tan lejos como para vivir puramente para nosotros mismos. Por eso todas las religiones han reservado momentos para la devoción general.

6. Comenzar y cerrar el día con una oración

Creo que la oración es el alma misma y la esencia de la religión y por lo tanto, la oración debe ser el núcleo mismo de la vida del hombre. Comienza, por lo tanto, tu día con la oración y hazla tan conmovedora, que pueda permanecer contigo hasta la noche.

Y cierra el día con una oración, para que tengas una noche tranquila y libre de sueños y pesadillas.

No te preocupes por las formas. Da lo mismo la forma; la oración debe ser tal, que pueda ponernos en comunión con lo Divino. Tan sólo, no dejéis que el espíritu divague, mientras las palabras de oración salen de vuestra boca.

Capitulo diez: la meditación (Ramanama)

1. La Virtud del Silencio

La experiencia me ha enseñado que el silencio es parte de la Disciplina Espiritual de un devoto de la *Verdad*. Si uno lo piensa, no puede dejar de sentir que casi la mitad de la miseria del mundo desaparecería, si nosotros, inquietos mortales, conociéramos la virtud del silencio.

Antes de que llegara la civilización moderna, se nos concedían al menos de seis a ocho horas de silencio de cada veinticuatro. La civilización moderna nos ha enseñado a convertir la noche en día y el silencio dorado en estrépito y ruido descarados ¡Qué gran cosa sería si nosotros, en nuestras ocupadas vidas, pudiéramos retirarnos a nosotros mismos cada día, durante al menos un par de horas y preparar nuestras mentes para escuchar *la voz del gran Silencio*!

La Radio Divina siempre está emitiendo, si estamos preparados para escucharla, pero es imposible escucharla sin silencio. *Santa Teresa,* utilizó una imagen encantadora para resumir el dulce resultado del silencio:

"Enseguida, sentirás que tus sentidos se reúnen, parecen abejas que regresan a la colmena y se cierran en el trabajo sin esfuerzo ni cuidado de tu parte. Dios recompensa así la violencia que vuestra alma se ha estado haciendo a sí misma y le da tal dominio sobre los sentidos, por lo que le basta un signo, cuando quiere recordarse a sí misma, para que obedezca y así se reúna. Al primer llamado de la voluntad, regresa cada vez más rápidamente. Por fin, después de muchos y muchos ejercicios de este tipo, Dios nos dispone a un estado de reposo absoluto y de perfecta contemplación".

2. El silencio facilita la comunión con Dios

El silencio se ha convertido ahora en una necesidad tanto física como espiritual para mí. Originalmente lo utilizaba para aliviar la sensación de presión, cuando quería tiempo para escribir. Sin embargo, después de practicarlo durante algún tiempo, descubrí su valor espiritual. De repente, percibí que ese era el momento en el que mejor podía tener comunión con Dios y ahora siento que estoy hecho naturalmente para el silencio.

El silencio es de gran ayuda para un buscador de la Verdad como yo.

En la actitud de silencio, el alma encuentra el camino con una luz más clara y lo que es esquivo y engañoso, se resuelve en una claridad cristalina.

Nuestra vida es una búsqueda larga y ardua de la *Verdad* y el alma requiere del descanso interior, para alcanzarla en toda su altura.

3. La verdadera meditación

La verdadera *meditación*[1] consiste en cerrar los ojos y los oídos de la mente a todo lo demás, excepto al objeto de la devoción.

Por lo tanto, cerrar los ojos durante las oraciones, es una ayuda para dicha concentración.

La concepción que el hombre tiene de Dios es naturalmente limitada.

Por lo tanto, cada uno debe pensar en Él como mejor le parezca, siempre que la concepción sea pura y edificante.

---

1. La obra: "Concentración y meditación" de Swami Sivananda, es un manual completo sobre meditación, que incluye desde los pasos previos a la meditación, los obstáculos que encuentras y los errores en la práctica. Es apto para todos los niveles y profundizar. Pocos libros la abordan y explican tan claramente como el presente manual. Practicar meditación es no pensar, detener nuestros pensamientos racionales y observar el fluido de la mente.

4. El poder del nombre de dios

Rama, es la fuerza para los débiles. Esta fuerza no debe obtenerse tomando las armas o por medios similares. Se consigue arrojándose sobre Su nombre.

Rama, no es más que un sinónimo de Dios. Puedes decir Dios o *Alá* o cualquier otro nombre que quieras, pero en el momento en que no confías en nada más que en Él, eres fuerte. Toda decepción desaparece.

Ramanama[1], es una alquimia que puede transformar el cuerpo. La conservación de la energía vital, ha sido comparada con la riqueza acumulada, pero sólo está en poder del *Ramanama,* convertirla en una corriente de fuerza espiritual cada vez mayor, que en última instancia haga imposible una caída.

Así como el cuerpo no puede existir sin sangre, el alma necesita la fuerza pura e incomparable de la fe. Esta fuerza puede renovar la debilidad de todos los órganos físicos del hombre. Por eso se dice que cuando el *Ramanama* está consagrado en el corazón, significa el renacimiento del hombre. Esta ley se aplica tanto a jóvenes como a ancianos, hombres y mujeres.

5. Toma su nombre con cada respiración

Aunque mi razón y mi corazón hace mucho tiempo que reconocieron el atributo más elevado y el nombre de Dios como *Verdad,* reconozco la *Verdad* por el nombre de *Rama.* En el momento más oscuro de mi prueba, ese nombre me ha salvado y aún me está salvando.

Cuando era niño, mi cuidadora me enseñó a repetir el *Ramanama,* cada vez que me sentía asustado o mal y ha sido una segunda naturaleza para mí, a medida que ha crecido el conocimiento y he avanzado en los años. Incluso puedo decir que esta palabra está en mi corazón, sino en mis labios, las veinticuatro horas del día. Ha sido mi salvador y siempre me he quedado en él.

¿Cuál es la señal de un hombre que tiene a *Rama* consagrado en su corazón?

Un hombre así tomará el nombre de Dios con cada respiración. Su *Rama,* estará despierto incluso cuando el cuerpo esté dormido. *Rama,* estará

---

1. Ramanama, es 'el nombre de Rama'. La práctica hindú de cantar ritualmente el nombre de la deidad Rama, un avatar de Vishnu. El nombre de Rama se canta a menudo en varias tradiciones del hinduismo en forma de japa o repetición meditativa.

siempre con él en todo lo que haga. La verdadera muerte para un hombre tan devoto, será la pérdida de esta sagrada compañía.

Se puede decir que un devoto de *Rama* es lo mismo que el firme –*Sthitaprajna¹*– del *Gita*. Vivirá en la conciencia del alma y velará por el cuidado, primero y último, del *Morador Interno*. Un hombre así tomará el nombre de Dios con cada respiración.

6. Las bendiciones del Ramanama

Mi Rama... No es el Rama histórico.
Él es el eterno, el no nacido, el que no tiene segundo.
Sólo a él adoro.

Un cristiano puede encontrar el mismo consuelo en la repetición del nombre de Jesús y un musulmán en el nombre de Alá. Todos ellos tienen las mismas implicaciones y producen resultados idénticos. Sólo, que la repetición, no debe ser una expresión de los labios, sino parte de tu propio ser.

He dicho, que nombrar el *Ramanama* desde el corazón, significa recibir la ayuda de un Poder incomparable y la bomba atómica no es nada comparada con ella. Este poder es capaz de eliminar todo dolor.

No hay duda alguna de que el *Ramanama* contiene todo el poder que se le atribuye, pero nadie puede, con su simple deseo, consagrar el *Ramanama* en su corazón. Se requiere un esfuerzo incansable y también paciencia.

¿Cuánto trabajo y paciencia han prodigado los hombres para adquirir la inexistente piedra filosofal?

Sin duda, el nombre de Dios tiene un valor infinitamente más rico. Con la mano en el corazón, puedo decir que ni un minuto en mi vida, me olvido de Dios.

---

1. Sthitaprajña (Sánsc.). Firme en el conocimiento o en la sabiduría. Es una combinación de dos palabras: sthita, que significa "existente", "ser" y "firmemente decidido a", y prajna, que significa "sabio", "inteligente" e "inteligente". En el Bhagavad Gita, sthitaprajna se refiere a un hombre de sabiduría constante. En el Sloka 55 se describe al yogui como un sthitaprajña, cuando "renuncia completamente a todos los deseos de la mente, cuando está completamente satisfecho con su mente fijada en Atman".

Capítulo once: la dedicación (Auto entrega)

1. La entrega trae alegría

¿Quién soy?

No tengo más fuerzas que las que Dios me da. No tengo ninguna autoridad sobre mis compatriotas salvo la puramente moral.

Si, Él me considera un instrumento puro para la difusión de la *no violencia*, me da la fuerza y me muestra el camino.

Mi mayor arma es la *oración muda*. La causa de la paz está, por lo tanto, en las buenas manos de Dios. Nada puede suceder sino por Su voluntad expresada en Su Ley eterna e inmutable que es Él.

No lo conocemos ni a Él ni a Su Ley, excepto a través del espejo oscuro. Pero una leve vislumbre de la Ley, es suficiente para llenarme de alegría, esperanza y fe en el futuro.

Debo ir con Dios como mi único guía. Es un Señor celoso. Él no permitirá que nadie comparta su autoridad. Por lo tanto, tienes que presentarse ante Él, con toda mansedumbre, con las manos vacías y con un espíritu de entrega total y Él te permitirá estar ante el mundo entero y te protegerá de todo daño.

He sido un esclavo voluntario de este Maestro tan exigente, durante más de medio siglo. Su voz ha sido cada vez más audible para mi, con el paso de los años. Él nunca me ha abandonado en mi hora más oscura. Me ha salvado muchas veces, contra mí mismo y no me ha dejado ni vestigio de independencia. Cuanto mayor ha sido mi entrega a Él, mayor ha sido mi gozo.

2. Dios mueve y protege a todos

No somos más que pajas en las manos de Dios. Sólo Él puede soplarnos donde Él quiera. No podemos oponernos a su deseo.

Si podemos arrojarnos en Su regazo, como nuestra única Ayuda, saldremos ilesos de cada prueba.

Si nada sucede sin Su permiso, ¿dónde está la dificultad de creer que Él nos está probando?

Si le llevas nuestras quejas por tratarnos tan cruelmente, Él nos consolará y perdonará, si confiamos en Él.

Debemos aprender, cada uno de nosotros, a estar solos. Sólo Dios es nuestro guía infalible y eterno. Dios ayuda a los desamparados, no a los que creen que pueden hacer algo.

Quienes ponen su fe implícita en Él, no pueden dejar de alcanzar sus objetivos.

Nadie puede ver a Dios cara a cara, si tiene algo de "yo" en él. Debe convertirse en una cifra, si quiere ver a Dios.

¿Quién se atreverá a decir en este universo tormentoso: "He vencido"?

Dios triunfa en nosotros, nunca nosotros.

3. Dedicar todo a Dios

En un momento de introspección, el poeta se pregunta:

"Oh hombre, ¿por qué has dejado de tomar el nombre de Dios?

No habéis abandonado la ira, la lujuria o la avaricia, pero sí habéis olvidado la Verdad.

¡Qué tragedia ahorrar centavos sin valor y dejar ir la joya invaluable del amor de Dios!

¡Oh, necio!, renuncia a todas las vanidades y arrójate únicamente a la gracia de Dios".

Esto no significa que si uno tiene riquezas, deban ser desechadas y que la esposa y los hijos, deban ser expulsados. Simplemente, significa, que uno debe abandonar el apego a estas cosas y dedicarlo todo a Dios y hacer uso de Sus dones, para servirle únicamente a Él.

También significa que si tomamos Su nombre, con todo nuestro ser, automáticamente seremos destetados de toda lujuria, falsedad y de las pasiones más bajas.

Debemos cantar eternamente sus alabanzas y hacer su voluntad.

Bailemos al son de Su *bansi* (flauta) y todo estará bien.

Parte IV: la experiencia espiritual

Dios, Se revela cada día a Todos los Seres Humanos.

Pero, desafortunadamente cerramos nuestras mentes al Sentimiento de Su Presencia; cerramos los ojos a Su Luz Interior y cerramos nuestros oídos a Su voz interior.

Capítulo doce: algunos aspectos de la experiencia

1. Sentimientos benditos de la presencia de dios

Creo que es posible, para todo ser humano, alcanzar ese estado bendito e indescriptible, en el que sientes dentro de tí la *presencia de Dios*, con exclusión de todo lo demás.

Sostengo que la realización completa, es imposible en esta vida encarnada, pero tampoco es necesaria.

Una fe viva e inamovible, es todo lo que se requiere para alcanzar la altura espiritual plena, alcanzable por los seres humanos.

Dios está fuera de nuestro caso terrenal. Por lo tanto, la prueba exterior no sirve de mucho, si es que sirve de algo.

Nunca debemos tratar de percibirlo a través de los sentidos, porque Él está más allá de ellos. Pero, podemos sentirlo, si nos retiramos de los sentidos.

Ver a Dios, cara a cara, es sentir que Él está entronizado en nuestro corazón, así como un niño siente el cariño de una madre, sin necesidad de demostración alguna.

¿Un niño razona la existencia del amor de una madre?

¿Podrá demostrárselo a los demás?

Él declara triunfalmente "Existe". Así debe ser con la existencia de Dios. Desafía la razón. Pero de Él se tiene experiencia.

No rechacemos la experiencia de *Tulsidas, Chaitanya, Ramdas*[1] y una multitud de otros maestros espirituales, así como no rechazamos la de los maestros mundanos.

No hay momento en que no sienta la presencia de un Testigo, a cuyo ojo no se le escapa nada y con quien me esfuerzo por mantenerme en sintonía.

Si no sintiera la presencia de Dios dentro de mí, veo tanta miseria y desilusión todos los días, que sería un maníaco delirante y mi destino sería el Hugli[2].

2. La visión de dios

¿Cuál es la visión de Dios?

No significa ver algo con el ojo físico o ser testigo de un milagro.

Ver a Dios, significa comprender el hecho de que Dios habita en nuestros corazones.

El anhelo debe persistir hasta que uno haya alcanzado esta realización y desaparecerá al realizarla.

La realización es el fruto final de un esfuerzo constante.

Dios está ahí en el tabernáculo del corazón. No podemos ver a Dios con estos ojos. Dios es espíritu sin cuerpo y por lo tanto, es visible sólo al ojo de la fe.

Si no hay malos pensamientos perturbando nuestra mente y no hay temores, sino *alegría constante* en nuestro corazón , eso es una indicación de la *presencia de Dios* en nosotros mismos. De hecho, Él está allí en todo

---

1. Tulsidas: Fue un santo y poeta hindú vaisnava, conocido por su devoción a la deidad Rama. Escribió varias obras populares en sánscrito, awadhi y braj, pero es más conocido como el autor de Hanuman Chalisa y de la epopeya Ramcharitmanas, una versión del sánscrito Ramayana basada en la vida de Rama en la lengua vernácula awadhi.
Chaitanya: místico hindú cuyo modo de adorar al dios Krishna con canciones y danzas extáticas tuvo un profundo efecto en el vaisnavismo en Bengala. Hijo de un brahmán, creció en un ambiente de piedad y afecto.
Ramdas: fue un santo, filósofo, poeta, escritor y maestro espiritual hindú. Era un devoto de las deidades hindúes Rama y Hanuman.
2. Nombre de un río. En la expresión, Gandhi indica, que se tiraría al río, por desesperación, si no sintiera la presencia de Dios.

64

momento, pero no notamos su presencia porque no tenemos fe y por lo tanto, sufrimos mucho. Una vez que hemos cultivado la fe verdadera, las calamidades dejan de perturbarnos.

Aquél que mira el universo, como varias facetas de Dios, ciertamente tendrá la visión beatífica. Todos nuestros conocimientos y ejercicios espirituales son infructuosos, mientras no hayamos tenido esta visión. Cuando admiro la maravilla de un atardecer o la belleza de la luna, mi alma se expande en adoración al Creador, trato de verlo a Él y Sus misericordias en todas estas creaciones.

3. Su luz y su música

Las fugaces vislumbres que he podido tener de la *Verdad*, difícilmente pueden transmitir una idea del indescriptible Brillo de la *Verdad*, un millón de veces más intenso que el del sol, que vemos diariamente con nuestros ojos. De hecho, lo que he captado es sólo el más leve destello de esa Poderosa Refulgencia. Siento el calor y el sol de Su Presencia.

El sol en el cielo, llena todo el universo con su calor vivificante. Pero si uno se acerca demasiado, lo consume hasta convertirlo en cenizas. Así ocurre con Dios. Nos volvemos semejantes a Dios, en la medida en que realizamos la *no violencia*; pero nunca llegamos a ser enteramente Dios.

Mi firme creencia es que Él se revela diariamente a cada ser humano, pero cerramos nuestros oídos a su "voz apacible y delicada". Cerramos los ojos ante la Columna de Fuego frente a nosotros.

Me doy cuenta de Su omnipresencia. ¡Lo divino! La música suena incesantemente dentro de nosotros; pero los sentidos fuertes ahogan la Música Delicada que es diferente e infinitamente superior a cualquiera que podamos percibir u oír con nuestros sentidos.

Cuando esta Luz Interior se corresponde con los impulsos de la Voz Interior más pequeña, entonces ese destello tiene una marca de inspiración.

4. La voz interior

La *Voz Interior* desafía toda descripción. Pero a veces, sí sentimos, que recibimos una inspiración desde dentro. La época en la que aprendí a reconocerlo, puede llamarse mi tiempo de oración, digamos que fue alrededor de 1906, según lo recuerdo.

Por lo demás, nunca sentí en ningún momento de mi vida que tuviera alguna experiencia nueva. Mi crecimiento espiritual ha pasado desapercibido como el crecimiento del cabello en nuestras cabezas.

Que yo sepa, nadie ha cuestionado la posibilidad de que la *Voz Interior* hable a alguien y es una ganancia para el mundo, incluso si la afirmación de una persona de hablar bajo la autoridad de la *Voz Interior*, pueda realmente sostenerse. Muchos podrán hacer esta afirmación, pero no todos podrán fundamentarla. Pero no puede ni debe suprimirse con el fin de prevenir a los falsos declarantes.

No hay ningún peligro en que muchas personas pudieran representar verdaderamente la *Voz Interior*. Aunque desgraciadamente no existe remedio contra la hipocresía, la virtud no debe ser suprimida porque muchos la finjan.

Siempre se han encontrado hombres en todo el mundo que afirman hablar en nombre de la *Voz Interior*. Pero aún no se ha producido ningún daño en el mundo debido a sus breves actividades.

Antes de poder escuchar esa Voz, hay que pasar por un largo y severo entrenamiento y cuando es la Voz Interior la que habla, es inconfundible.

No se puede engañar al mundo con éxito para siempre. No hay, por lo tanto, peligro de que se establezca la anarquía, porque un hombre humilde como yo, no será reprimido y se atreva a reclamar la autoridad de la *Voz Interior*, cuando cree haberla escuchado .

El hombre es un ser falible. Nunca puede estar seguro de sus pasos. Lo que puede considerar como una respuesta a la oración, puede ser un eco de su orgullo. Para obtener una guía infalible, el hombre debe tener un corazón perfectamente inocente, incapaz de cometer el mal.

Yo puedo hacer tal afirmación y la mía es un alma imperfecta que lucha, se esfuerza, yerra.

5. Los mensajes divinos

La primera pregunta que ha desconcertado a muchos es acerca de la Voz de Dios.

¿Qué era? ¿Qué escuché? ¿Hubo alguna persona que yo vi?

Si no, ¿cómo me fue transmitida la Voz?

Éstas son preguntas pertinentes.

No he visto ninguna forma. Ni lo he intentado, porque siempre he creído que Dios no tiene forma. Pero lo que oí fue como una Voz lejana y, sin embargo, bastante cercana. Era tan inconfundible como una voz humana, definitivamente hablándome e irresistible.

No estaba soñando cuando escuché la Voz. La audición de la Voz fue precedida por una terrible lucha dentro de mí y de repente la Voz vino sobre mí. La escuché, me aseguré de que era la Voz y la lucha cesó. Estaba tranquilo. Tomé la determinación en consecuencia y fijé la fecha y la hora del ayuno. La alegría me invadió. Esto fue entre las 11 y las 12 de la noche. Me sentí renovado.

¿Podría dar alguna evidencia adicional de qué fue verdaderamente la Voz que escuché y que no era un eco de mi propia imaginación acalorada?

No tengo más pruebas para convencer al escéptico. Es libre de decir que todo fue un autoengaño o una alucinación. Bien pudo haber sido así. No puedo ofrecer ninguna prueba de lo contrario. Pero puedo decir que ni el veredicto unánime del mundo entero contra mí, pudo hacerme perder la creencia de que lo que escuché era la verdadera Voz de Dios. Para mí la Voz fue más real que mi existencia. (1933)

Una experiencia está muy claramente grabada en mi memoria. Se relaciona con mis veintiún días de *ayuno* para la eliminación de la intocabilidad.

Me había acostado la noche anterior sin la menor idea de tener que declarar un *ayuno* a la mañana siguiente. Alrededor de las 12 de la noche algo me despertó de repente y una voz (dentro o fuera, no puedo decirlo) me susurró:

- "Debes ir rápido".
- "¿Cuántos días?" -pregunté-.
- "Veintiún días".
- "¿Cuándo empiezo?" -pregunté-.
- "Empiezas mañana".

Y me fui a dormir tranquilamente después de tomar la decisión. No dije nada a mis compañeros hasta después de la oración de la mañana. Puse en sus manos un trozo de papel anunciando mi decisión y pidiéndoles que no discutieran conmigo, ya que la decisión era irrevocable.

Los médicos pensaron que no sobreviviría al *ayuno*. Pero algo dentro de mí me dijo que lo haría y que debía seguir adelante. Ese tipo de experiencia nunca en mi vida había sucedido antes de esa fecha.

Sé que no es oro todo lo que reluce y también que si un hombre realmente ha oído la Voz de Dios, no hay retroceso, como no hay olvido para quien ha aprendido a nadar. La escucha debe enriquecer cada día más la vida de las personas. (1936),

6. Un sabio ideal

Sólo puede llamarse verdaderamente religioso o moral, aquel hombre cuya mente no está contaminada por el odio o el egoísmo y que lleva una vida de absoluta *pureza* y de *servicio desinteresado* y sólo ese hombre puede ser llamado verdaderamente rico o feliz.

Sólo un hombre así, puede hacer el bien a la humanidad; porque la *Verdad* es el fundamento de todo lo bueno y grande.

Para un verdadero servidor de la humanidad, nunca se plantea la cuestión de cuál es la mejor forma de servicio. Cuando nos hayamos dado cuenta de la majestuosidad de la Ley Moral, veremos cuán poco depende nuestra felicidad o infelicidad de la salud, el éxito, la fama y cosas por el estilo.

Como ha dicho *Emerson*[1]:

"Incluso los dolores y penas de los hombres buenos, contribuyen a su felicidad, mientras que incluso la riqueza y la fama de los hombres malos, les causan miseria a ellos mismos y al mundo".

'Buscad primero el Reino de Dios y Su justicia y todas las demás cosas os serán añadidas.' (San Mateo 6 33)

Él, es un verdadero devoto que no tiene celos de nadie, que es una fuente de misericordia, que no tiene egoísmo, que trata por igual el frío y el

---

1. Ralph Waldo Emerson, fue un filósofo y poeta norteamericano. Su pensamiento derivado de Platón, está influenciado por el romanticismo alemán y por el hinduismo. Los problemas de la filosofía tradicional, según Emerson, provienen de la relación entre el espíritu y la materia. Y para resolverlos Emerson, como un idealista objetivo, defiende que la naturaleza es el símbolo del espíritu y el principio supremo sintético del ser es la supra-alma. Por eso, Emerson propone una nueva espiritualidad basada en la intuición y en una fusión mística con la naturaleza. Tomando como punto de partida la autoconfianza y la capacidad innata del individuo, éste no necesita de milagros, ni de jerarquías religiosas o de ningún intermediario para relacionarse con Dios. La intuición, es según Emerson "el más alto poder del Alma" y el fundamento del conocimiento. De esta forma, todo conocimiento está limitado a nuestra propia aproximación a lo real. A esta filosofía espiritual se le llamó trascendentalismo, por ser una vía intuitiva basada en la capacidad de la conciencia individual, que trascendía sin necesidad de milagros, jerarquías religiosas o intermediarios y según ésta el conocimiento del universo está más allá del alcance de nuestros sentidos. Por ello sostiene que la intuición y el éxtasis son la mejor manera, sino la única, para conocer la esencia de las cosas. Se trata pues de una filosofía liberal, vitalista y optimista, que afirmaba la unidad de todos los seres alrededor de tres entidades: Dios, la Naturaleza y la Humanidad. En su obra "Autoconfianza, la pieza clave" (editorial ELA), sostiene que todas las virtudes están comprendidas dentro de la confianza en uno mismo y que el mundo pertenece a quien sabe interpretar las señales.

calor, la felicidad y la miseria, que siempre perdona, que siempre está contento, cuyas resoluciones son firmes, que ha dedicado mente y alma a Dios, que no causa pavor, que no teme a los demás, que está libre de júbilo, tristeza y temor, que es puro, que es versado en la acción y, sin embargo, no se ve afectado por ella, que renuncia a todo fruto, bueno o malo, que trata a amigos y enemigos por igual, que no se ve afectado por el respeto o la falta de respeto, que no se envanece con elogios, que no se hunde cuando la gente habla mal de él, que ama el silencio y la soledad, que tiene la razón disciplinada.

El *yogui* es, por lo tanto, aquel que refleja todos estos atributos en su vida, quien, en medio de una tormenta furiosa y de un rocío cegador, mantendrá imperturbable su visión del sol, quien mirará a la cara las dificultades y la muerte, quien seguirá el mismo camino al caos y al patíbulo y cuya mente está tan serena que el trueno lo mece para dormir.

Anexo 1. Extractos de su obra "Las claves de la salud" (El libro más leído y más vendido de Gandhi)

"Cualquiera que observe las reglas de salud mencionadas en este libro, encontrará que tiene una clave real para desbloquear las puertas que le lleven a la salud. No tendrá que llamar a las puertas de los médicos o de los vaidyas día a día".

1
El cuerpo humano

"Tener salud, significa que el cuerpo funciona bien. Es un hombre sano aquél cuyo cuerpo está libre de toda enfermedad y que lleva a cabo sus actividades normales sin fatiga".

"Es necesario tener el suficiente conocimiento del cuerpo humano para alcanzar el estándar de salud descrito anteriormente y solo Dios sabe qué tipo de educación prevaleció en la antigüedad".

"El cuerpo humano está compuesto de lo que los antiguos filósofos han descrito como los cinco elementos. Estos son: Tierra, Agua, Vacío, Luz y Aire y toda la actividad humana se lleva a cabo por medio de la mente ayudada por los diez sentidos".

"El funcionamiento feliz de la máquina humana depende de la actividad armoniosa de los diversos componentes. Si todo esto funciona de manera ordenada, la máquina funciona sin problemas, pero si una de las partes esenciales está fuera de servicio, se detiene"

"Todo en el mundo puede ser usado y abusado y esto se aplica también al cuerpo. Abusamos de él cuando lo usamos con fines egoístas, para la autocomplacencia o para dañar a otros y se utiliza correctamente si ejercemos moderación y nos dedicamos al servicio de todo el mundo".

"El alma humana es parte del espíritu universal de Dios y cuando toda nuestra actividad se dirige hacia la realización de este vínculo, el cuerpo se convierte en un templo digno para que el espíritu viva".

"El hombre ha venido al mundo para pagar la deuda que debía, es decir, para servir a Dios mediante su creación. Manteniendo este punto de vista frente a él, el hombre debe actuar como guardián de su cuerpo. Se convierte en su deber cuidar tanto de su cuerpo como para permitirle practicar el ideal de su servicio lo mejor que pueda".

2
El aire

"Nadie puede vivir sin aire, como sí puede hacerlo sin agua durante unos días y sin alimentos durante mucho más tiempo".

"Se deduce que aquellos que no saben respirar deben realizar *ejercicios de respiración*[1]. Son tan fáciles de aprender como útiles".

"No deseo entrar en una discusión sobre las diferentes *asanas* o posturas. No quiero decir que no sean importantes ni útiles, pero deseo enfatizar que una vida bien regulada supera la ventaja de estudiar y practicar posturas o ejercicios elaborados. Cualquier postura cómoda que garantice la respiración por la nariz y la expansión libre del pecho es suficiente para nuestros propósitos".

"Si mantenemos la boca bien cerrada, la respiración deberá realizarse por la nariz y así como nos lavamos la boca todas las mañanas, la nariz también debe limpiarse".

3
El agua

"Junto al aire, el agua es otra necesidad para la vida".

1. Para más información sobre la respiración y sus ejercicios, se puede acudir a las siguientes obras: Ramacharaka: "Aprender a respirar", para nivel de iniciación y nivel medio. Swami Sivananda "La ciencia del pranayama", para un nivel más avanzado.
(Ambos publicados en editorial ELA).

"Para mantenerse saludable, todos debemos tomar 2 litros y medio de agua o de otro alimento líquido en 24 horas. El agua potable debe ser pura y en muchos lugares es difícil obtener agua pura".

4
Los alimentos

"Si bien es cierto que el hombre no puede vivir sin aire y agua, lo que nutre el cuerpo es el alimento. De ahí el dicho: "la comida es vida"".

"La comida se puede dividir en tres categorías: *vegetariana, carnívora y mixta*".

"La opinión médica está principalmente a favor de una *dieta mixta*, aunque hay una escuela en crecimiento, que opina firmemente que la evidencia anatómica y fisiológica está a favor de que el hombre sea vegetariano. Sus dientes, su estómago, sus intestinos, etc., parecen demostrar que la naturaleza ha significado que el hombre sea vegetariano".

"No hay necesidad de tener más de tres comidas. En las ciudades, algunas personas siguen mordisqueando de vez en cuando. Este hábito es dañino. El aparato digestivo requiere descanso".

5
Los condimentos

"El cuerpo requiere ciertas sales y la sal común es una de ellas. Estas sales se producen naturalmente en los diversos alimentos, pero cuando los alimentos se cocinan de forma poco científica, por ejemplo, desechando el agua en la que se han hervido arroz, las patatas u otras verduras, el suministro de sal se vuelve inadecuado y su deficiencia tiene que ser compensada por una adición separada de sales y como la sal común es una de las sales más esenciales para el cuerpo, como digo en el último capítulo, puede añadirse en pequeñas cantidades".

"Pero el cuerpo humano no requiere otros condimentos como por ejemplo: chiles frescos o secos, pimienta, cúrcuma, cilantro, alcaravea, mostaza, methi o asafétida. Estos se toman solo para la satisfacción del paladar".

6
El té, el café y el cacao

"El cuerpo no requiere ninguno de ellos".

7
Los intoxicantes

"Los intoxicantes utilizados en la India pueden tomarse de la siguiente forma: alcohol, bhang, ganja, tabaco y opio".

8
El opio

"Las críticas contra el alcohol se aplican igualmente al opio, aunque los dos son muy diferentes en su acción".

9
El tabaco

"El tabaco simplemente ha causado estragos entre la humanidad y una vez atrapado en su red, es raro encontrar a alguien que salga de nuevo".

10
Brahmacharya

"Brahmacharya significa literalmente: ese modo de vida que conduce a la realización de Dios. Esa realización es imposible sin practicar la moderación"

.

"Los llamados brahmacharis, que generalmente nos encontramos, se comportan como si su única ocupación en la vida fuera mostrar su mal genio. Se nota que estas personas ignoran las reglas ordinarias del brahmacharya y simplemente esperan evitar las descargas seminales. No logran su objetivo y algunos de ellos se vuelven casi locos, mientras que otros adquieren una apariencia enfermiza, no pueden evitar las descargas y si logran refrenarse de mantener relaciones sexuales, creen que han logrado todo lo que se necesitaba, pero la mera abstención de las relaciones sexuales no puede denominarse brahmacharya".

Parte 2

La terapéutica natural

"Estos capítulos están escritos para presentarle al lector la rama más importante de la terapéutica y decirle cómo he utilizado estos métodos en mi propia vida".

"La ciencia de la terapéutica natural se basa en el tratamiento de enfermedades, con los mismos cinco elementos que constituyen el cuerpo humano. Para refrescar la memoria del lector, estos son: Tierra, Agua, Éter, Luz solar y Aire. Es mi esfuerzo señalar cómo se pueden utilizar con fines para la salud".

1
La Tierra

"Las cataplasmas de barro curan los forúnculos comunes. También he aplicado lodo para descargar abscesos. Para estos casos, preparo la cataplasma envolviendo el lodo en un paño limpio humedecido en una loción de permanganato de potasio, y lo aplico al absceso después de lavarlo con loción de permanganato. En la mayoría de los casos, este tratamiento da como resultado una cura completa. No recuerdo un solo caso en el que me haya fallado".

"En la fiebre alta, una aplicación de cataplasma de barro en la cabeza y en el abdomen es muy útil. Aunque no siempre baja la temperatura, invariablemente calma al paciente y lo hace sentir mejor, de modo que los mismos pacientes solicitan estas aplicaciones".

"Lo más seguro es usar la arcilla aluvial suave, que no es arenosa ni pegajosa. Nunca se debe usar la tierra extraída del suelo abonado. La tierra debe secarse, machacarse y pasarse por un tamiz fino. Si hay alguna duda sobre su limpieza, debe calentarse bien y por lo tanto, esterilizarse".

2
El Agua

75

"La hidroterapia[1] es una forma de terapia conocida y antigua. Se han escrito muchos libros sobre el tema, pero en mi opinión, la forma de hidroterapia sugerida por *Kuhne* es simple y efectiva. El libro de *Kuhne*[2] sobre la cura natural es muy popular en la India y ha sido traducido a varios idiomas de la India. Andhra tiene el mayor número de seguidores de *Kuhne*. Ha escrito también mucho sobre la dieta, pero aquí deseo limitarme a sus experimentos en hidroterapia".

3
El Akash (¿El Éter?)

"El Akash podría ser tomado por el espacio vacío que rodea a la tierra y la atmósfera que lo rodea".

"Tenemos que hacer uso de este Akash para mantener o recuperar la salud. Siendo el aire más esencial para sostener la vida, la naturaleza lo ha hecho omnipresente".

"Los científicos podrían probar que lo que llamamos éter también es algo que llena el espacio vacío, el Akash. Entonces tendremos que descubrir un nuevo nombre para el espacio vacío que no contiene aire ni éter".

"La primera lección a aprender es esta, que no debemos poner ninguna partición entre nosotros y el cielo, el infinito, que está muy cerca y, sin embargo, muy lejos. Si nuestros cuerpos pudieran estar en contacto con el cielo sin la intervención de casas, techos e incluso ropa, es probable que disfrutásemos de la máxima salud".

"Cualquier obstrucción de los poros, por lo tanto, debe interferir con el flujo uniforme de la salud. Del mismo modo, no debemos llenar el tracto digestivo con alimentos innecesarios. Deberíamos comer solo la cantidad que necesitamos y no más. A menudo se come en exceso o se comen cosas indigestas sin darse cuenta de ello. Un ayuno ocasional, digamos una vez a la semana o una vez cada quince días, te permitirá mantener el equilibrio uniforme".

1. En esta editorial podrá encontrar las obras sobre Hidroterapia de Kneipp: "Método de hidroterapia", "Botiquín de farmacopea casera" y "La curación de las enfermedades con baños de agua" y la obra de Ramacharaka: "Hidroterapia yogui".
2. En esta editorial podrá encontrar las obras de Khune: "La nueva ciencia de curar" y "Diagnóstico por la ciencia de la expresión del rostro".

"Si uno no puede ayunar durante todo el día, puede perderse una o más comidas durante el día".

4
El sol

"Lamentablemente, no aprovechamos al máximo la luz solar y, en consecuencia, no podemos disfrutar de una salud perfecta. Tomar el sol es tan útil como el baño de agua ordinario, aunque los dos no pueden reemplazarse entre sí".

5
El aire

"Este quinto elemento es tan importante como los cuatro ya discutidos en las páginas anteriores. El cuerpo humano que está compuesto por los cinco elementos no puede prescindir de ninguno de ellos. Por lo tanto, nadie debe temerle al aire"[1].

1. Cuando el 9 de agosto de 1942, Gandhi es detenido por revelarse contra el Imperio Británico y mantenido en prisión en el palacio del Aga Khan en la localidad de Poona; aprovecha el tiempo libre que le proporcionan estos días de encierro, para volver a escribir el libro que más había vendido y que más fama le había dado.

Esta última versión de su obra, que nunca antes había sido publicada en castellano, no habla de conductas sociales, sino de posturas individuales ante las situaciones más comunes de la vida. Trata de temas sencillos y comunes a nuestra vida cotidiana, como: el cuerpo humano, el aire, el agua, la comida, los llamados intoxicantes, el Brahmacharya y la terapéutica natural y partiendo de un enfoque amplio, basado en la naturaleza y válido para todos los seres humanos, vuelve a retomar estos temas que tanto reconocimiento le proporcionaron no solo en la India sino en todo el mundo, pero ahora lo hace bajo la perspectiva de una mayor experiencia, como él mismo explica en el prólogo a esta obra. Y estas sencillas propuestas individuales, con el tiempo dieron lugar a profundos cambios sociales en la India y en todo el muindo.

La vida y la obra de Gandhi, continúan siendo una referencia para todo el género humano y son un ejemplo de como salir de los conflictos sin usar la violencia y sin hacer daño a los seres vivos.

Si tuviéramos que resumir el pensamiento de Gandhi en un solo libro, éste sin duda sería el más indicado. Con él demostró que entre todos podemos cambiar el mundo y que para hacerlo solo tenemos que empezar por cambiarnos a nosotros mismos.

Anexo 2. Extractos de la obra "Bhagavad Gita con los comentarios y notas de Mahatma Gandhi" (editorial ELA)

"Mi primer contacto con el Gita comenzó en 1888-89 con la traducción de versos de Sir Edwin Arnold conocida como la Canción Celestial".[1]

"Al leerlo, sentí un gran deseo de leer una traducción al gujarati y luego, leí tantas traducciones como pude. Pero todas esas lecturas no me pueden dar la capacidad para presentar mi propia traducción. Porque por otra parte, mi conocimiento del sánscrito es limitado y mi conocimiento del gujarati tampoco es académico. ¿Cómo podría entonces atreverme a presentar al público mi traducción?".

"La interpretación que sigue contiene el significado del mensaje del Gita que esta pequeña "banda" está tratando de imponer en su conducta diaria. Una vez más, diré, que esta versión está diseñada para las mujeres, la clase comercial, los llamados Shudras y similares, que tienen poco o ninguna formación literaria, y que no tienen ni el tiempo ni el deseo de leer el Gita en el original y, sin embargo, se mantienen firmes en la necesidad de su apoyo".

Sobre el mensaje del Gita

"... Sentí que no era una obra histórica, sino que, bajo la apariencia de una guerra física, describía el duelo que perpetuamente continuaba en los

1. Gandhi, conoció esta versión en un restaurante vegetariano en Londres, al que acudían personajes como Edward Carpenter, George Bernard Shaw y la teósofa Annie Besant, idealistas y rebeldes, que rechazaban los valores de la sociedad victoriana tardía y trataban de mejorarla, denunciando los males de la sociedad capitalista e industrial, predicando el culto de una vida simple, la superioridad de la moral frente a los valores materiales y de la cooperación frente el conflicto. Esas ideas contribuyeron sustancialmente a la configuración de la personalidad de Gandhi y fueron el fundamento de su política. Dos conceptos del Gita el aparigraha ("la no posesión"), y el samabhava ("la no aflicción"), le influyeron particularmente.

corazones de la humanidad. y esa guerra física se introdujo simplemente para hacer más atractiva la descripción del duelo interno. Esta intuición preliminar se confirmó, en un estudio más detenido de la religión y del Gita, y un estudio del Mahabharata me dio una confirmación adicional".

"El hombre no está en paz consigo mismo hasta que se vuelve como Dios y el esfuerzo por alcanzar este estado es supremo y la única ambición que vale la pena tener. Esto es la autorrealización".

"Esta autorrealización es el tema del Gita, como lo es de todas las escrituras, aunque su autor, seguramente no lo escribió, para establecer esa doctrina. Me parece que el objeto del Gita es mostrar la forma más excelente de alcanzar la autorrealización".

"Su remedio incomparable es la renuncia a los frutos de la acción. Este es el centro alrededor del cual se teje el Gita".

"El Gita dice: "Haz tu trabajo asignado pero renuncia a su fruto; sé desapegado. El trabajo no desea recompensa ni trabajo". Ésta es la enseñanza inconfundible del Gita[1]".

---

1. Probablemente el Bhagavad Gita es el libro oriental más traducido. Siendo uno de los grandes "clásicos" religiosos de todos los tiempos, ha generado en nuestro tiempo una conciencia transcultural de amplia base como expresión de una nueva espiritualidad a nivel mundial.

"Gita" significa "canción" y "Bhagavad" se puede interpretar como Señor o Dios, por lo que el término Bagavad Gita o Bhagavad Guita, significa el "Canto del Señor" o la "Canción Divina".

El contenido de la obra se desarrolla como un diálogo entre el príncipe Arjuna y su guía y auriga Krishna, que es un avatar del Señor Vishnu. Al comienzo del Dharma Yuddha (la guerra justa) entre los Pandavas y los Kauravas, Arjuna, lleno de dilemas morales y de desesperación por la violencia y la muerte que sobrevendrán al entablar la guerra contra sus propios parientes, se pregunta si debería renunciar a ella y busca el consejo de Krishna, cuyas respuestas y diálogo constituyen el cuerpo del Bhagavad Gita, donde a menudo, Krishna aconseja a Arjuna que cumpla con su deber de Kshatriya (guerrero) y cumpla con el Dharma a través de una "acción desinteresada".

En la presente edición, la bella traducción del Bhagavad Gita de M. Gandhi, va acompñada de su presentación en cada capítulo y de sus sabios e inspirados comentarios, a los cuales esta editorial ha añadido un glosario de términos sáncritos e hindúes, que nos sirven para explicar determinados términos comunes y coloquiales para los hindúes, pero que los occidentales no manejamos con esa cotideanidad, ni los entendemos tan facilmente.

Todo esto hace de esta edición el libro ideal para iniciarse en la lectura del Bhagavad Gita y para que quien ya lo conoce, finalmente pueda comprender todo su significado.

Anexo 3. "El felino huérfano, que creció entre un rebaño de ovejas".

"Su madre había muerto al darle a luz. Embarazada, había estado merodeando durante muchos días sin encontrar presas, cuando se encontró con esta manada de cabras salvajes. La tigresa estaba muy hambrienta en ese momento y este hecho puede explicar la violencia de su salto; pero en cualquier caso, la tensión del salto provocó los dolores de parto y expiró de puro agotamiento. Entonces las cabras, que se habían dispersado, volvieron a los pastos y encontraron al pequeño tigre gimiendo al lado de su madre y adoptaron a la débil criatura por compasión materna, la amamantaron junto con su propia descendencia y la cuidaron con cariño.

El cachorro creció y su cuidado fue recompensado; porque aprendió el lenguaje de las cabras, adaptó su voz a su suave balido y mostró tanta devoción como cualquier cabrito del rebaño. Al principio experimentó cierta dificultad cuando trató de mordisquear las finas briznas de hierba con sus dientes puntiagudos, pero de alguna manera lo logró. La dieta vegetariana lo mantuvo muy delgado e impartió a su temperamento una mansedumbre notable.

Una noche, cuando este joven tigre entre las cabras, había alcanzado la edad de la razón, la manada fue atacada nuevamente, esta vez por un feroz tigre macho viejo y nuevamente se dispersó; pero el cachorro se quedó donde estaba, sin miedo. Por supuesto que estaba sorprendido. Descubriéndose cara a cara con el terrible ser de la jungla, miró asombrado a la aparición. Pasado el primer momento; luego comenzó a sentirse cohibido y emitiendo un balido desesperado, arrancó una fina hoja de hierba y la masticó, mientras el otro tigre se lo quedaba mirando.

De repente, el poderoso intruso preguntó:

- "¿Qué estás haciendo aquí entre estas cabras? Y ¿Qué estás masticando?".

Y la criaturita graciosa baló.

El viejo se volvió realmente aterrador y rugió:

- "¿Por qué haces este sonido estupido?" -y antes de que el otro tigre pudiera responder, lo agarró bruscamente por el pescuezo y lo sacudió, como para devolverlo a sus sentidos-.

Luego, el tigre de la jungla llevó al cachorro asustado a un estanque cercano, donde lo dejó en el suelo, obligándolo a mirar a la superficie del espejo, que estaba iluminada por la luna.

- "Ahora mira esas dos caras. ¿No son iguales? Tienes la cara de un tigre, es como la mía. ¿Por qué te crees una cabra? ¿Por qué balas? ¿Por qué mordisqueas la hierba?".

El pequeño no pudo responder, pero siguió mirando y comparando los dos reflejos. Luego se inquietó, cambió su peso de una pata a otra y emitió otro grito turbado y tembloroso.

La feroz bestia lo agarró de nuevo y se lo llevó a su guarida, donde le entregó un trozo sangrante de carne cruda que quedaba de una comida anterior.

El cachorro se estremeció de disgusto, pero el tigre de la jungla, ignorando el débil balido de protesta, ordenó bruscamente:

- "¡Tómalo, cómelo, trágalo!".

La aspereza del bocado no le resultaba familiar y le estaba causando cierta dificultad, pero justo cuando estaba a punto de hacer de nuevo su ruidito, cuando empezó a sentir el sabor de la sangre.

Estaba asombrado y acabó con avidez el resto. Comenzó a sentir una gratificación desconocida cuando la nueva comida pasó por su garganta y la sustancia carnosa llegó a su estómago. Una fuerza extraña, fulgurante, partiendo de allí, recorrió todo su organismo y empezó a sentirse exaltado, embriagado. Sus labios chasquearon y se lamió la papada. Luego, se levantó y abrió la boca con un gran bostezo, como si despertara de una noche de sueño, una noche que lo había tenido bajo su hechizo durante mucho tiempo, durante años y años.

Estirando su forma, arqueó su espalda, extendiendo y separando sus patas. La cola azotó el suelo y de repente de su garganta brotó el aterrador y triunfante rugido de un tigre.

El profesor sombrío, mientras tanto, había estado observando de cerca y con creciente satisfacción. La transformación había tenido lugar realmente. Cuando terminó el rugido, exigió bruscamente:

- "¿Ahora sabes lo que realmente eres?".

Y para completar la iniciación de su joven discípulo en el conocimiento secreto de su propia naturaleza verdadera, agregó:

- "Ven, ahora iremos a cazar juntos en la jungla".[1]

---

1. Extraído de la obra: "El encuentro de oriente y occidente y los fundamentos de la filosofía india" de Heinrich Zimmer, editorial ELA.

Anexo 4. "Glosario de términos sánscritos e hindúes"

Abhyasa: palabra sánscrita que significa " práctica " y se refiere a una práctica que tiene como objetivo lograr un estado mental tranquilo. Es una práctica espiritual que se practica regular y constantemente durante un largo período de tiempo.

Ahimsa: no violencia; evitar el daño de pensamiento, palabra y obra.

Atman: el Alma Suprema o Brahman, o Consciencia pura, el Ser. Es el principio universal, una conciencia auto-luminosa eterna e indiferenciada. En la filosofía hindú, especialmente en la escuela Vedanta del hinduismo, mantman es el primer principio, el verdadero yo de un individuo más allá de la identificación con los fenómenos, la esencia de un individuo. Para alcanzar Moksha (la liberación), un ser humano debe adquirir el auto-conocimiento (atma jnana). En las diferentes escuelas de pensamiento, la auto-realización consiste en que el verdadero yo (Jivatma) y la realidad última (Brahman) son completamente idénticos (Escuela Advaita, No dualista), completamente diferentes (Dvaita, o dualistas), o simultáneamente no diferentes y diferentes (Bhedabheda, No dualista y dualista).

Avatara (Sánscrito): Literalmente: "descenso". Encarnación divina. Descenso de un dios o de algún Ser glorioso que ha progresado más allá de la necesidad de renacimiento en la tierra, en el cuerpo de un simple mortal. Krishna era un avatar de Vishnu. El Dalai Lama es considerado como un avatar de Avalokitezvara y el Teschu Lama como el de Tson-kha-pa, o Amitâbha. Hay dos clases de avataras: los nacidos de mujer y los "sin padres", los anupadaka. Véase: Encarnaciones divinas en la obra "Glosario teosófico" (editorial ELA).

Bhakti: se refiere a la "devoción", considerada como la raíz del "verdadero conocimiento". La devoción desinteresada; lleva a la autorrealización en el camino del Bhakti Yoga.

Brahmacharin (Sánscrito): Un asceta brahmánico; el que ha hecho voto de celibato; un monje, virtualmente, o un estudiante religioso. [Neófito o novicio que ha hecho voto de castidad, pobreza y obediencia al Maestro, para consagrarse por completo al ascetismo y al estudio. Véase: Âzrama].

Brahmacharya (Sánscrito): la vida y condición del brahmacharin; novicia-do. Voto de castidad en pensamiento, palabra y obra.

Brahman: el Espíritu Supremo, La Realidad Absoluta que es una, indivisible, infinita y eterna, el Ser Supremo, la causa del universo, el espíritu universal. El Todo. La verdad proclamada en los Upanishads: Existencia, Sabiduría, Dicha Absoluta y Consciencia Pura. Es el Principio Universal más elevado, la Realidad Última en el universo. No debe confundirse con Brahma (el dios hindú), Brahmana (un tipo de texto de los Vedas), el Brahmanismo (la religión) o Brahmin (la casta-varna). En las principales escuelas de filosofía hindú, es la causa material, eficiente, formal y final de todo lo que existe. Es la verdad y la felicidad omnipresente, infinita y eterna que no cambia, pero es la causa de todos los cambios. Brahman como concepto metafísico es la única unidad vinculante detrás de la diversidad en todo lo que existe en el universo. Se habla de Brahman en los textos hindúes junto al concepto de Atman (Ser) personal, impersonal o Para Brahman, o en varias combinaciones de estas cualidades dependiendo de cada escuela filosófica. En las escuelas dualistas del hinduismo, Brahman es diferente de Atman (alma) en cada ser. En las escuelas no dualistas, como el Advaita Vedanta, Brahman es idéntico a Atman, está en todas partes y dentro de cada ser vivo, y hay una unidad espiritual conectada en toda la existencia.

Daridra Narayana o Daridranarayanan o Daridra Narayan: es un axioma enunciado por el sabio indio de finales del siglo XIX, Swami Vivekananda, que defiende que el servicio a los pobres es equivalente en importancia y piedad al servicio a Dios.

Deva(s): seres celestiales, dioses.

Devadhideva: el nombre de una receta ayurvédica definida en el quinto volumen del Rasajalanidhi (capítulo 13, Pandu: anemia y Kamala: ictericia). Estos remedios se clasifican como Iatroquímica y forman parte de la antigua ciencia india conocida como Rasasastra (alquimia médica).

Devata: Una deidad. Un deva más pequeño. Hay muchos tipos de devatas y los hay masculinos y femeninos. Toda actividad humana tiene su devata, su contraparte espiritual o aspecto.

Espíritu: La falta de mutuo acuerdo entre los escritores acerca del empleo de esta palabra ha dado origen a una tremenda confusión. Generalmente, se la hace sinónimo de alma y los lexicógrafos apoyan su uso. En las enseñanzas teosóficas, la voz "Espíritu" se aplica únicamente a lo que pertenece directamente a la Conciencia universal y que es su emanación homogénea y pura. Así, la Mente superior del hombre, o sea su Ego (Manas), cuando está unida de un modo indisoluble con el Buddhi, es un Espíritu; mientras que el término "Alma" humana o hasta animal (el Manas inferior, que obra como instinto en los animales), se aplica sólo al Kâma-Manas y se califica de alma viviente. Esta es nephesh, en hebreo, el "aliento de vida". El espíritu es informe e inmaterial y, cuando está individualizado, es de la más elevada substancia espiritual. Suddasattva, la esencia divina, de que está formado el cuerpo de los más elevados Dhyânis que se manifiestan. De consiguiente, los teósofos rechazan la denominación de "Espíritus" para aquellos fantasmas que aparecen en las manifestaciones fenomenales de los espiritistas y dan a dichos fantasmas el nombre de "cascarones" y varios otros. (Véase: Sûkchma-Zarira en el "Glosario Teosófico" editorial ELA). En breves palabras, el Espíritu no es una entidad en el sentido de tener forma; puesto que, como declara la filosofía búdica, donde hay una forma, hay una causa de dolor y sufrimiento. Pero cada espíritu individual -entendiéndose que esta individualidad dura solamente todo el manvantárico cielo de vida- se puede describir como un centro de conciencia, un centro autosenciente y autoconsciente; un estado, no un individuo condicionado. Esto explica que haya tanta riqueza de palabras en sánscrito para expresar los diferentes estados de Ser, Seres y Entidades, con la particularidad de que cada denominación indica la diferencia filosófica, el plano a que pertenece tal unidad y su grado de espiritualidad o materialidad. Desgraciadamente, estos términos son casi intraducibles a nuestras lenguas occidentales. [El Espíritu (Âtman) es uno con lo Absoluto, como radiación suya. (La Clave de la Teosofía, editorial ELA). No debe confundirse con el Alma. "La Materia es el vehículo para la manifestación del Alma en este plano de existencia y el Alma es el vehículo, en un plano más elevado, para la manifestación del Espíritu y los tres forman una trinidad sintetizada por la Vida que los impregna a todos ellos". (Doctrina Secreta, tomo I, pág. 72 y siguientes, ed. ELA). San Pablo establece también claramente la distinción entre Alma y Espíritu, en los pasajes siguientes: "Y el Dios de paz os santifique en todo, para que vuestro espíritu y alma y cuerpo sea guardado entero... " (I Tesalon, V, 23) ; "Porque la palabra de Dios es viva y eficaz y más penetrante que toda espada de dos filos y alcanza hasta partir el alma y aun el espíritu..." (Hebr., V, 12). Esta distinción, muchos psicólogos que en nuestros días blasonan de católicos, parecen haberla relegado por completo. La palabra Espíritu -dice P. Hartmann- es usada muy indistintamente, lo cual puede dar origen a una gran confusión. En su verdadero significado, Espíritu es una unidad, un poder viviente universal, el origen de toda vida; pero la palabra espíritu y espíritus se emplea asimismo con mucha frecuencia para significar cosas invisibles, pero, a pesar de esto, substanciales, tales son: las formas, figuras y esencias, elementales y, elementarios, sombras, espectros, apariciones, ángeles y diablos. Espíritu significa voluntad consciente y bajo este aspecto, toda cosa es la expresión de su propio espíritu que reside en su interior; pero el espíritu sin organización ni substancia no tiene individualidad y es como un soplo. Sólo después de haberse organizado el espíritu como ser substancial dentro de una forma viviente, puede existir como ser individual. (F. Hartmann)].

Himsa o Hinsa (Sánscrito); Daño, perjuicio, ofensa, destrucción, homicidio, crueldad, malevolencia, deseo de dañar. En el aforismo XXX del libro 2º de los Aforismos de Patanjali (editorial ELA), debe entenderse por hinsa el desear mal a un ser cualquiera, por palabra, obra o pensamiento.

Ishwara, Ishvara, Isvara: el Dios Supremo. El Ser Supremo, señor y gobernador de todo el universo. Es un concepto en el hinduismo, con una amplia gama de significados que dependen de la época y la escuela del hinduismo. En los textos antiguos de la filosofía india, según el contexto, Ishvara puede significar alma suprema, gobernante, señor, rey, reina o esposo. En los textos hindúes de la era medieval, según la escuela del hinduismo, Ishvara significa Dios, Ser Supremo, Dios personal o Ser especial. Aquí se refiere al Dios personal, como representante del Ser Supremo.

Mantra: sonido o fórmula sagrada que expresa nuestra reverencia ante el Señor. Sílaba o palabra sagrada, o grupo de palabras, por medio de las cuales, a través de la repetición y la reflexión, uno alcanza la perfección.

Moksha: liberación.

Nolens volens: lo quieras o no.

Prem (-a): amor, afecto.

Rama / Ram: Dios, nombre de un avatar de Vishnu en el hinduísmo y Rama o Ramachandra fue un rey legendario de Ayodhya en la India antigua y el héroe de la epopeya hindú 'Ramayana', que rescató a su esposa Sita, que había sido raptada por el malvado Ravana. También conocido como Ramachandra, es una deidad importante en el hinduismo. Es el séptimo avatar de Vishnu, una de sus encarnaciones más populares junto con Krishna, Parshurama y Gautama Buddha. En las tradiciones del hinduismo centradas en Rama, se le considera el Ser Supremo. Sus hermanos eran Lakshmana, Bharata y Shatrughna. Se casó con Sita. Aunque nació en una familia real, su vida se describe en los textos hindúes como un desafío por cambios inesperados, como un exilio en circunstancias difíciles y empobrecidas, cuestiones éticas y dilemas morales. De todas sus tribulaciones, la más notable es el secuestro de Sita por el rey demonio Ravana, seguido de los decididos y épicos esfuerzos de Rama y Lakshmana para obtener su libertad y destruir al malvado Ravana contra viento y marea. El Ramayana, cuenta la historia de la vida de Rama, Sita y sus compañeros y discute alegóricamente los deberes, derechos y responsabilidades sociales del individuo. Ilustra el dharma y la vida dhármica a través de personajes modelo. (Para más datos puede consultar: "El Ramayana", Editorial ELA).

Ramanama: literalmente 'el nombre de Rama', es la práctica hindú de cantar ritualmente el nombre de la deidad Rama, un avatar de Vishnu. El nombre de Rama se canta a menudo en varias tradiciones del hinduismo, en forma de japa o repetición meditativa. Este mantra fue utilizado a menudo por Mahatma Gandhi, quien dio tanta importancia al Ramanama, que publicó un pequeño libro sobre él.

Ramraj: Señor Rama; Dios; Espíritu Supremo; Encantador.

Rishi: sabio, santo, vidente, poeta.

Sadhaka: discípulo, aspirante, practicante espiritual.

Sadhu: hombre piadoso, sannyasin.

Samsara o Sansâra o Samsâra (Sánsc.): Literalmente: "rotación"; el océano de nacimientos y muertes. Los renacimientos humanos representados como un círculo continuo, una rueda siempre en movimiento. Vida o existencia mundana; ciclo de existencias; transmigración; vida transmigratoria; ciclo o rueda de nacimientos y muertes; la rotatoria corriente de la existencia individual; paso de una existencia a otra; las vicisitudes del mundo, de la vida y muerte; el proceso mundano.

Sannyasi o Samyasin (Sánsc.): Literalmente: "renunciador". Asceta indo que ha obtenido el más elevado conocimiento místico; cuya mente está fija sólo en la verdad suprema y que ha renunciado por completo a todo lo mundano y terreno. Sannyâsî es el asceta que practica la renuncia, esto es: vive en el retiro y renuncia a todos los actos y a todos los goces del mundo para consagrarse exclusivamente a la contemplación y al conocimiento espiritual. Sthitaprajna: término sánscrito que significa "contento", "tranquilo" y "firme en juicio y sabiduría". Es una combinación de dos palabras: sthita, que significa "existente", "ser" y "firmemente decidido a", y prajna, que significa "sabio", "inteligente" e "inteligente". En el Bhagavad Gita, sthitaprajna, se refiere a un hombre de sabiduría constante. En el Sloka 55 se describe al yogui como un sthitaprajña cuando "renuncia completamente a todos los deseos de la mente, cuando está completamente satisfecho con su mente fijada en Atman". Ver Bhagavad Gita, con los comentarios y notas de Gandhi, editorial ELA. El Bhagavad Gita es probablemente el libro oriental más traducido. Siendo uno de los grandes "clásicos" religiosos de todos los tiempos, ha generado en nuestro tiempo una conciencia transcultural de amplia base como expresión de una nueva espiritualidad a nivel mundial. "Gita" significa "canción" y "Bhagavad" se puede interpretar como Señor o Dios, por lo que el término Bagavad Gita o Bhagavad Guita, significa el "Canto del Señor" o la "Canción Divina". El contenido de la obra se desarrolla como un diálogo entre el príncipe Arjuna y su guía y auriga Krishna, que es un avatar del Señor Vishnu. Al comienzo del Dharma Yuddha (la guerra justa) entre los Pandavas y los Kauravas, Arjuna, lleno de dilemas morales y de desesperación por la violencia y la muerte que sobrevendrán al entablar la guerra contra sus propios parientes, se pregunta si debería renunciar a ella y busca el consejo de Krishna, cuyas respuestas y diálogo constituyen el cuerpo del Bhagavad Gita, donde a menudo, Krishna aconseja a Arjuna que cumpla con su deber de Kshatriya (guerrero) y cumpla con el Dharma a través de una "acción desinteresada". La bella traducción del Bhagavad Gita de M. Gandhi, va acompañada de su presentación en cada capítulo y de sus sabios e inspirados comentarios, a los cuales la editorial ha añadido un glosario de términos sánscritos e hindúes, que nos sirven para explicar determinados términos comunes y coloquiales para los hindúes, pero que los occidentales no manejamos con esa cotidianidad, ni los entendemos tan fácilmente. Todo esto hace de esta edición del Bhagavad Gita, el libro ideal para iniciarse en la lectura del Bhagavad Gita y para que quien ya lo conoce, finalmente pueda comprender todo su significado.

Swami Vivekananda: fue el primer hindú en viajar a Occidente y quien introdujo el yoga y el vedanta en Estados Unidos e Inglaterra. Hijo de un abogado y de una mujer espiritual, estudió desde muy joven las escrituras clásicas de la India y practicó meditación. En la Facultad estudió filosofía, lógica occidental, filosofía occidental e historia europea y mundial. Cuando conoció a Râmakrishna fue su discípulo durante cinco años, hasta que falleció y entonces con un grupo de sus principales seguidores se hizo monje, renunciando a todo y se dedicó a vivir de limosna. Viajó por la India como monje y conoció de cerca la cultura y las diversas regiones de la India y sus clases sociales. Observó el desequilibrio de la sociedad y la tiranía de las castas y se dio cuenta de la necesidad de una renovación nacional. Más adelante viajó a Chicago, para acudir al Parlamento Mundial de las Religiones donde dio una serie de conferencias e introdujo con éxito el yoga y el Vedanta en Occidente, enseñando a cientos de estudiantes en privado y en clases gratuitas, fundando centros de Vedanta en Nueva York y Londres, y dando conferencias en las universidades más importantes, encendiendo así el interés occidental por el hinduismo. Después de cuatro años de esta actividad en Occidente, volvió a la India. Los líderes indios más importantes del siglo XX han reconocido su influencia. Gandhi dijo que por Vivekananda "Multipliqué mi amor por mi país mil veces" y también que: "Los escritos de Swami Vivekananda no necesitan introducción de nadie. Poseen una atracción irresistible". Rabindranath Tagore dijo: "Si quieres conocer la India, aprende de Vivekananda. En él todo es positivo y nada negativo". El Día Nacional de la Juventud de la India fue instituido en su memoria el 12 de enero, día de su cumpleaños. Sus obras han inspirado e inspiran a muchos luchadores por la libertad. Editorial ELA ha publicado varias de sus obras. Para más datos puede consultar la web de editorial ELA: www.libreriaargentina.com.

Swaraj: aunque la palabra Swaraj significa "autogobierno", Gandhi le dio el contenido de una revolución integral que abarca todas las esferas de la vida: "A nivel individual, Swaraj está vitalmente conectado con la capacidad de auto-evaluación desapasionada, de auto-purificación incesante y de creciente autosuficiencia". Aunque el objetivo de Gandhi de implementar totalmente los conceptos de Swaraj en la India no se logró, las organizaciones de trabajo voluntario que fundó con este propósito, sirvieron como precursoras y modelos a seguir para los movimientos populares, las organizaciones voluntarias y algunas de las organizaciones no gubernamentales que posteriormente surgieron en varias partes de la India. El movimiento estudiantil contra los gobiernos locales y centrales opresivos, liderado por Jayaprakash Narayan, Udit Swaraj y el movimiento Bhoodan, que presagió demandas de legislación de reforma agraria en toda la India, y que finalmente llevó a que la India descartara el sistema zamindari de tenencia de la tierra y organización social, también se inspiraron en las ideas de Swaraj.

Vairagya: desapego, renuncia, aversión a los objetos de los sentidos; imparcialidad, ecuanimidad.

Voz interior: El silencio externo, nos permitirá escuchar nuestra voz interior: la voz del silencio. La voz del silencio, conduce a la elección entre el camino compasivo y el camino solo para uno mismo.

Este es un libro de editorial *ELA*

 Editorial Ela

 Editorial ELA

 @ela.editorial

 @ela.editorial

www.libreriaargentina.com

La Librería Argentina se funda en Madrid en el año 1964, siendo la primera librería especializada en libros para el bienestar y el crecimiento personal que surge en España. Debe su nombre a que en aquellos tiempos la mayor parte de los libros de estos temas, son editados en Argentina y de allí se importaban.

Años después se crea el sello E.L.A. para seguir poniendo a disposición del público las últimas tendencia

REALIZADO E IMPRESO EN ESPAÑA

PRODUCIDO CON PAPEL DE LA C. E.

El papel utilizado para la impresión de nuestros libros, ha sido fabricado a partir de madera procedente de bosques y plantaciones gestionadas con los más altos estándares ambientales, garantizando la explotación sostenible de los recursos y la armonía con el medio ambiente, siendo esta gestión beneficiosa para el planeta y para los seres humanos y contribuyendo al cuidado de los bosques y a la reforestación mundial. Por cada árbol cortado para hacer papel, se han plantado cuatro árboles.

Otras obras de yoga, publicadas en esta editorial:

Swami Vivekananda
    Autorealización con el yoga
    Bhakti yoga
    Jnana yoga
    Karma yoga
    Raja Yoga
    El Ramayana, el Mahabarata y el Bhagavad Guita
    Vedanta práctica

Swami Abhedananda
    Amor desinteresado, Jesús a la luz del vedanta
    Atma Jana
    Desarrollo espiritual
    La reencarnación según el Vedanta
    La inmortalidad del alma según el Vedanta

Swami Sivananda
    Bhagavad Guita (Bilingüe)
    Caminos seguros para el éxito
    Ciencia del Pranayama
    Concentración y meditación
    Esencia del yoga
    Esencia del Vedanta
    Filosofía de los sueños
    Iluminación
    Luz, poder y sabiduría
    Pensamiento y su poder
    Pensamiento y su poder (aniversario
    Pensamientos sobre las 12 virtudes
    Senda divina

Swami Ritajananda. *Introducción al Vedanta Advaita*
Sankara. *Viveka Chudamani (La joya suprema del discernimiento)*
Arthur Avalon. *Los chakras y el poder serpentino*
    Shakti y Shakta. El tantra, sus orígenes, su doctrina y sus rituales
Alicia Souto. *Los orígenes del Hatha Yoga (Edición bilingüe comentada, traducida del sánscrito directamene)*
Heinrich Zimmer. *La filosofía Shamkya y el yoga*
    El encuentro Oriente Occidente
Narayana. Hitopadeza. *Antiguas fábulas hindúes*
    Antiguas fábulas hindúes sobre la guerra y la paz.
Norberto Tucci. *Cuentos indios de príncipes y princesas*
    Cuentos y proverbios indios (ilustrado a color)
    Upanishads
Pauther y G. Brunet. *Los himnos mágicos del Rig-Veda*
Rabindranath Tagore. *Sadhana. La vía espiritual*
    Cuentos en la India
A. Besant. *Bhagavad Guita (colección bolsillo)*
A. Besant y F. Hartman. *Bagavad Gita explicado*
Abhaya Chaitanya. *En las horas de meditación*

Bernard, Theos. *El auténtico Hatha yoga*
Gandhi, Mahatma. *Bhagavad Gita, con los comentarios y notas de Gandhi*
    Las claves de la salud
Luis Jacolliot. *India, la cuna de la civilización occidental*
Ramacharaka. *Filosofía del yoga en 14 lecciones*
    Hidroterapia yogui
Georges Strehly. *Las leyes de Manú*
Valmiki. *El Ramayana.*

Otros títulos filosofía comparada de las religiones publicados en esta editorial:

A. Besant. Karma, la ley del karma.
    Reencarnación.
    Bhagavad Guita (colección bolsillo).
    Como se vive después de la muerte.
    Formas de pensamiento (ilustrado a color).
A. Besant y F. Hartman. Bagavad Gita explicado.
Alfonso, Dr. Eduardo. Atlántida. Orígenes de los pueblos de América y Europa.
    Recetas sabrosas de cocina vegetariana equilibrada.
    La iniciación.
A. P. Sinnet. Buddhismo Esotérico
Arthur Avalon. El poder serpentino y los chakras.
Arthur Powell. La atracción de la masonería.
    El doble etérico.
    El cuerpo astral.
    El cuerpo mental.
    El cuerpo causal.
    El sistema solar.
C. H. Leadbeater. A los que lloran la muerte de un ser querido.
    Buda, vida y enseñanzas.
    Chakras.
    Credo cristiano.
    Escuelas secretas de la masonería.
    Hadas, Gnomos y sílfides.
    El hombre visible en invisible (ilustrado a color).
    El otro lado de la muerte.
    Protectores invisibles.
    Relatos extraordinarios.
    Sueños.
Edouard Schuré. Grandes iniciados
H. P. Blavatsky. La doctrina secreta (6 tomos).
    Isis sin velo (4 tomos).
    La clave de la Teosofía.
    Orígenes del ritual en la Iglesia y en la masonería. La voz del silencio.
    Por las rutas y selvas del Indostán.
    Glosario teosófico
Henry S. Olcott. Catecismo budista.
M. Collins. Luz en el sendero.
Mario Roso de Luna. La esfinge.
    El simbolismo de las religiones.
    H. P. Blavatsky (biografía).